돈복 부르는 EFT

돈복 부르는 EFT

글 최인원 · 그림 김재일

 MBS출판사

머리말

다들 돈 때문에 걱정이야!

돈, 돈, 돈???!!!

자, 이렇게 돈을 떠올리면 어떤 생각과 느낌이 드는가? 불안, 의심, 두려움, 집착, 혼란, 부담? 돈이 있건 없건 돈에 대해서 생각하면 이렇게 온갖 감정과 생각이 떠오른다. 있으면 있는 대로 없으면 없는 대로 다들 돈에 대해 이런 저런 생각과 감정이 많다. 돈이 많은 사람은 '돈을 어떻게 관리하고 지키고 물려주나?'하는 걱정과 부담이 많고, 돈이 없는 사람은 '돈이 어디서 생기고, 빚은 어떻게 갚나?' 하는 걱정과 부담이 많다.

돈은 미스터리야.

수천 명을 상담해 본 나의 경험에 의하면 돈 문제가 생기면 사람들이 제일 많이 하는 것이 점이나 사주를 보러 가는 것이다. 사업 하는 사람은 넘치는 돈을 어디에 투자해야 할지 물으러 가고, 돈이 없는 사람은 언제쯤 돈이 들어올지 답답한 마음을 풀러 이런 곳으로 간다. 결국 사람들에게 돈은 신이나 운명처럼 감히 알 수 없는 신비의 차원인 것이다. 그래서 사람들은 돈을 어떻게 벌어야 하는지도 모르고, 돈이 있어도 언제까지 유지할 수 있을지 몰라서, 늘 불안하고 걱정된다. 돈은 신이나 운과 같아서 언제 어디로 튈지 모르니까!

돈을 지배하는 절대 반지를 찾아내다!

영화 「반지의 제왕」에는 '절대 반지'라는 것이 있어서, 이것을 가진 자는 세상을 지배한다고 한다. 혹시나 돈을 지배하는 절대 반지가 있다면 어떨까? 이것을 가진 자는 돈을 마음대로 벌고, 마음대로 관리하고, 마음대로 쓸 수 있게 되는 것이다. 한마디로 이것을 가지면 돈의 노예가 아니라 돈의 주인이 되어서, 돈을 실컷 내 맘대로 부리면서 사는 것이다. 에이, 그런 게 어딨냐고? 잠시만 의심과 거부감을 내려놓고 책장을 넘겨보라. 실망하지 않을 테니. 자, 이제 기대하시라!

> 모든 돈을 부르는 절대 반지,
> 돈에 대한 모든 무지를 깨는 절대 반지,
> 이 반지로 세상의 돈을 지배하리라.
> – 절대 반지에 적힌 문구

2015년 7월

최인원

차 례 CONTENTS

들어가는 말

나는 왜 이 책을 썼나?
• 돈에 웃는 세상을 위하여!

세상은 오늘도 '사랑에 속고 돈에 운다'

여러분은 혹시 '사랑에 속고 돈에 운다'는 말을 들어본 적이 있는가? 사실 이 말은 일제 강점기에 대 히트를 기록했던 신파극의 제목이며, 원제는 〈사랑에 속고 돈에 울고〉이다. 흔히 〈홍도야 우지마라〉로도 불리며, 아직도 중견 배우들의 단골 공연 레퍼토리인지라 요즘도 잊혀질만하면 공연 광고가 보인다. 이 연극은 1950년에 영화로도 제작되었는데, 이 영화의 주제가가 또 대 히트를 기록하니, "홍도야 우지마라. 오빠가 있다."라는 노랫가락을 독자 여러분들도 한 번씩 듣고 따라 흥얼거려 본 기억이 있을 것이다.

이렇게 무려 1936년에 동양극장에서 초연된 연극이, 무려 80년이 지나도록 배우는 죽고 바뀌어도, 대본은 그대로 살아남아 아직도 공연되고 있다. 그렇다면 과연 그 내용이 무엇 이길래 이 연극은 그토록 끈질긴 생명력을 갖고 있는 것일까?

주인공인 아리따운 여인 홍도는 오빠의 학비를 벌기 위해 기생이 된다. 그러다 오빠 친구인 광호를 만나 양가의 반대를 무릅쓰고 결혼하는데, 시댁의 천대와 음모로 쫓겨나고 남편도 그녀를 버린다. 절망 끝에 미쳐버린 홍도는 정신 착란 상태에서 남편을 가로채려는 약혼녀에게 우발적으로 칼을 휘둘러 그녀가 죽었다. 그리고 마침내 기구하게도 그녀는 순사가 된 오빠에게 밧줄에 묶인 채 끌려가게 된다. 곧 제목 그대로 '돈이 없어서 사랑에 배신당해서 결국 그녀는 파멸에 이른다'는 내용이다.

이것이 과연 그때만의 일일까? 나는 심리치료 전문가, 자기계발 강사, 심신의학 전문 한의사로서 약 14년 동안 수만 명 이상의 사람들을 치료하고 상담하고 강의하면서 인간의 거의 모든 문제를 다 다루어 보았다. 그 결과 인생의 모든 문제는 딱 두 가지로 귀결된다는 것을 알게 되었다. '돈 아니면 인간관계'이다. 그래서 오늘도 세상은 '사랑에 속고 돈에 운다'고 할 수 있겠다.

"인생의 모든 문제는 딱 두 가지, 돈 아니면 사람이다."

이 글을 쓰는 중에도 충격적인 일이 있었다. 생활고를 비관한 세 모녀가 번개탄을 피워 놓고 2014년 2월 26일 저녁 8시 30분께 숨진 채 발견된 것이다. 이들은 70만

원이 담긴 새하얀 봉투를 집주인에게 남겼다. 방세 50만원과 가스비 12만 9000원, 전기료·수도료 등을 어림잡아 계산한 돈이었다. 봉투 겉면엔 "마지막 집세와 공과금입니다. 정말 죄송합니다"라고 적혀 있었다. 그들의 곁에는 그들이 키우던 고양이까지 함께 영원히 잠들어 있었다. 30대 두 딸은 신용불량자였고, 큰딸은 병까지 든 상태였다. 남편은 12년 전 암으로 떠나고, 엄마는 한 달 전에 몸을 다쳐 식당 일마저 끊겨 생계가 완전히 막막해지면서 일어난 사건이었다. 이렇게 오늘날도 세상은 여전히 돈에 울고 있는 것이다!

출처: 한겨레 신문, 2014. 2. 28.

현재 자살은 한국 사회에 가장 큰 사회문제가 되었다. 최근 한국은 OECD 회원국 중 인구 10만 명당 자살률 1위라는 불명예를 차지하고 있을 정도이다. 그럼 사람들이 주로 자살하는 이유는 무엇일까? 이에 대해 '정보공개센터'가 통계청의 2012년 '자살 충동' 통계 자료를 분석한 결과를 보자. 30대에서 50대에 이르는 청년 및 중장년층의 자살 충동 이유로는 단연코 경제적인 어려움이 절대적이었다. 이렇게 온 세상이 또 돈에 울고 있다!

출처: 투명 사회를 위한 정보공개센터 http://www.opengirok.or.kr/3562

나의 부모님도 늘 '돈에 울고'

앞에서 돈에 우는 세상의 모습에 관해 얘기했다면 이제부터는 나의 얘기를 좀 해보
자. 나의 아버지는 중졸의 학력으로 경남의 어느 시골에서 농사만 짓다가 28살의
늦은 나이에 결혼과 동시에 부산이라는 대도시로 말 그대로 쫓겨 나왔다. 할아버지
가 장자상속제의 신봉자인지라 둘째인 아버지가 상속의 걸림돌이 될까 두려웠던
것이다. 이런 상황에서 아버지와 어머니는 난방도 안 되는 단칸 셋방에서 살았고
아버지는 부둣가의 짐꾼을 하면서 살림을 꾸리게 되었다.

이때의 살림살이를 어머니는 종종 이렇게 표현하셨다. "숟가락 하나도 못 받고
나왔다." 어릴 때에는 이 말을 예사로 들었는데, 돌이켜보니 말 그대로 숟가락 하나
못 받고, 숟가락 하나도 살 돈도 없이 나왔던 것이다. 게다가 아버지는 소위 그 노
가다(노동일)마저 오래 할 수 없었다. 십여 년 정도 지나서 내가 중학생일 무렵에 아
버지는 온몸의 관절이 퉁퉁 붓고 아파오는 류머티스 관절염에 걸려 집안에 들어앉
을 수밖에 없게 된 것이다. 그리고 아버지는 이 병을 평생 앓았다. 그래서 류머티스
관절염의 별명이 '죽지 않는 암'이다.

그러다 내가 고등학생 때 궁여지책으로 집 한쪽을 헐고 고쳐서, 작은 구멍가게를

냈고, 어머니는 이 가게를 하면서 온 식구의 생계를 꾸렸다. 나도 틈틈이 가게 일을 거들었던 기억이 난다. 그러나 그마저도 몇 년 못 갔다. 어머니가 젊은 날, 임신 초기에 앓았던 신장염이 재발하여 신부전증이 되면서 병원 치료를 계속 받게 되었다. 그래서 또 이렇게 가난과 질병이 함께 우리 집을 덮쳤다. 없는 살림에 막대한 병원비까지! '내가 대학을 가더라도 학비가 있을까'하는 걱정이 공부 걱정보다 앞섰다.

부모님이 돈 때문에 고생한 것을 모두 이야기하자면 이 책을 다 채우고도 남을 것이리라. 일단 여기서 일단락하자. 그보다 더 중요한 것은 바로 이것이다. 나의 부모님은 평생 부지런하게 사셨다. 아버지와 어머니 두 분 다 아프시기는 하셨지만, 늘 부지런하게 돈을 버셨다. 아버지는 몸이 견딜 만하면 임시 막노동도 마다하지 않았고, 어머니는 평생 온갖 부업을 다 하셨다. 부지런하기로 치면 정말 우리 부모님을 따를 사람이 없다고 생각한다.

그런데 우리 부모님은 평생 가난했고, 평생 돈 걱정 속에 살았다. 왜 그토록 부지런했는데, 왜 그토록 돈 걱정만 하면서 살아야 했을까? 나의 부모님보다 크게 노력하지 않는 수많은 사람들도 대체로 나의 부모님보다는 낫게 사는데, 왜 나의 부모님은 그게 안 되었을까? 돈은 과연 팔자소관일 뿐일까? 그렇다면 도대체 왜 노력하면서 살아야 하나? 나는 정말 이런 것들이 궁금했다.

"부지런하다고 돈 문제가 해결되지는 않는다."

나도 또 '돈에 울고' 그러다 마침내 '돈에 웃고'

앞에서 온 세상이, 나의 부모님이 늘 돈에 울었던 이야기를 했는데 이번에는 내 차례다. 나는 이런 저런 우여곡절 끝에 32살의 적지 않은 나이였던 2002년에 한의원을 개원했다. 그런데 이상한 것이 개원할 때부터 나는 계속 경제적으로 내리막길을 걸었다. 해가 거듭될수록 나의 경제 사정은 나빠졌고 적자는 계속 되어 온갖 대출로 생활비를 충당해야 했다.

나만큼 줄기차게 돈을 못 버는 한의사도 드물었을 것이다. 2002년이면 한의원의 수도 지금보다 적었고, 그래서 매출도 상당히 좋을 때였다. 실제로 그때 내 주변에는 개원 몇 년 만에 집을 산 한의사도 적지 않았다. 그래서 요즘 나의 아내가 가끔씩 장난삼아 이렇게 한마디 한다. "도대체 그때 다들 잘 나갔는데, 왜 혼자만 망한 거야!?"

그렇게 줄곧 적자를 내면서 살다보니 2006년 무렵에는 나의 경제 상황이 최악으로 치달아서 더 이상 버틸 수 없는 지경에 이르렀다. 무려 빚이 7억 원에 이른 것이다. 이제는 더 이상 빚을 낼 곳도 없었고 돈이 나올 곳도 없었다. 한의원은 그저 그냥 굴러가는 상태여서 여기서 나오는 돈으로는 원금은 커녕 이자 갚기에도 벅찼다. 게다가 더 최악이었던 것은 돈을 벌 수 있다는 자신감이 완전히 무너졌다는 점이었다. 사실 나는 개원할 때부터 돈에 대한 분명한 자신감이 없었고, 이것이 결정적 패인이라는 것을 세월이 한참 흐른 후에 알게 되었다.

이런 상황에 이르자 나는 매일 잠을 설쳤고, 남의 일로만 들었던 신용불량, 개인회생, 파산, 면책 등의 말들이 내 얘기처럼 들리기 시작했다. 한의원에 출근해도 환자는 거의 없고, 늘 돈 걱정에 등골에는 싸늘한 기운만이 흘렀고, 심장은 늘 콩닥콩닥 뛰면서 나의 불안은 커져만 갔다.

그러던 최악의 하루가 생각난다. 내 명의로는 더 이상 대출이 되지 않아서 아내 명의의 카드로 겨우 1000만 원을 대출 받아 급한 불은 껐다. 그러자 생활비가 하나도 없었다. 결혼 전에 평생 돈 걱정 해 본 적이 없던 아내는 이날의 후유증으로 며칠 동안 몸살을 앓았고 구토까지 했다. 이렇게 몇 달을 지내다 보니 우리 부부는 몸과 마음이 만신창이가 되었고 앞으로 살 길이 막막했다.

그렇게 파멸의 공포 속에서 전전긍긍하던 어느 날, 잠시 정신이 들어 나를 되돌아보았다. 두려움 때문에 아무 것도 못하고 벌벌 떨고만 있는 내가 너무 한심하다는 생각이 문득 들었다. 그래서 내가 나에게 물었다. '계속 이렇게 살 거냐?' '더 이상 이렇게 살 수는 없지.' '그럼 어떻게 할 거야?' '죽더라도 뭔가는 해야 되겠지.'

아직 돈 벌 방법도 몰랐고 돈 벌 자신도 없었지만, 죽더라도 뭔가는 해 보고 죽어야겠다는 생각이 들자 조금씩 정신이 들기 시작했다.

'그럼 무얼 어떻게 할 것인가?'라는 생각이 차츰 두려움을 밀어내기 시작했다. 그러자 어떤 해결할 수 있는 생각의 실마리들이 조금씩 더 드러났다. '이 세상에는 나와 같은 어려움에 빠졌다가 살아난 사람이 있을 거야. 그런 사람을 찾아보자.'

그때 생각난 사람이 이순신 장군이었다. 절체절명의 싸움, 13대 333의 명량대첩에서 '죽고자 하면 산다'는 명언으로 불가능의 승리를 만든 이순신 장군의 승리의 비법을 알면 나의 문제도 해결될 것 같았다. 죽다가 살아난 장군이나 망하다가 살아나야 되는 나나 똑같은 상황이니까!

그때부터 나는 이순신 장군에 관한 책 수천 페이지를 한 달 만에 읽었다. 온갖 이순신 연구서와『난중일기』등을 닥치는 대로 읽고 나니, 그분의 승리 비결이 한마디로 정리되어 딱 떠올랐다.

"죽어야 한다면 죽겠다. 살려고 하면 죽고, 죽고자 하면 산다. 當死則死. 死則生, 生則死."

실패든 죽음이든 어차피 겪어야 한다면 겪겠다는 결단! 바로 이것이 이순신 장군의 비결이었다. 그래서 나도 파멸의 두려움이 등골을 타고 올라올 때마다 속으로 외쳤다. '망해야 한다면 망하겠다.' 그러자 두려움은 다시 꺾였다.

이렇게 결단으로 두려움을 다스리다 보니 돈을 버는 더 구체적인 방법을 알아야겠다는 생각이 들었고, 마침내 찾은 것이 나폴레온 힐의 『생각으로 부자가 되어라 Think And Grow Rich』라는 원서였다. 1930년대에 나온 이 책은 저자가 당시 500명의 미국 최고의 부자들을 20여

년 동안 직접 만나서 그들이 부자가 된 비결을 물어서 몇 가지 원칙으로 정리한 것이었다. 그 부자들은 철강왕 카네기, 자동차왕 포드, 석유왕 록펠러, 금융왕 J. P. 모건 등 쟁쟁한 거물들이었고, 저자 자신도 이들에게서 배운 방법으로 막대한 부를 축적했다고 나와 있었다.

저자의 이력과 책에 나온 거물들을 보고 나니, 이 책대로만 한다면 나도 돈을 벌 수 있겠다는 확신이 들었다. 그래서 이 책을 시험 공부하듯 줄 긋고 음미하면서 읽고 또 읽었다. 아마도 지금까지 적어도 수십 번은 읽었을 것이다. 그럼 과연 힐이 말하는 '부의 비결'은 뭘까? 힐은 그들의 부의 비결을 딱 13가지로 정리했다.

그것은 열망, 믿음, 확언(긍정적 자기 암시), 전문 지식, 상상, 체계적 계획, 결단, 끈기, 협동, 성적 에너지의 승화, 무의식 활용, 두뇌의 활용, 육감이었다.

보다시피 놀랍게도 이 13가지에는 단 하나의 재테크 비결도 없다. 심지어 돈 얘기도 안 나온다. 대부분 마음의 태도에 관한 것들이다. 그래서 그의 책 제목이 '생각으로 부자가 되어라'였던 것이다. 특히 이 책에서 가장 눈에 띈 것이 확언(긍정적 자기 암시)이었다. 철강왕 카네기를 부자로 만든 것도 확언이라는 내용이 눈에 확 띄었다.

그래서 이때부터 '나는 매달 이천만원을 번다'는 확언을 하기 시작했다. 과연 이

확언은 언제 어떻게 실현될까?

나는 이 확언을 하루에도 수십 번씩 반복했다. 심지어는 노래처럼 음을 붙여 흥얼거리기까지 했다. 그렇게 확언을 했지만 그다지 눈에 보이는 변화가 없이 여러 달이 지나갔다. 아무리 절대적 확신으로 시작했다 하더라도 시간이 지나는데도 큰 변화가 없으니 의심, 불안, 좌절감 등이 슬슬 올라오기 시작했다. 이렇게 마음이 막 흔들릴 무렵, 뜻밖의 보물을 만났으니 바로 EFT였다. EFT라는 도구로 이런 온갖 부정적 감정들을 지우다 보니 확언하는 게 훨씬 쉽고 편해졌고 확언대로 될 거라는 믿음도 훨씬 강해졌다.

이렇게 한 해가 지나자 슬슬 변화가 나타나기 시작했다. 적자가 계속 되던 한의원을 접고 새로운 한의원을 열었다. EFT 관련 책을 몇 권 냈는데, 첫 책이 베스트셀러가 되었고, EFT 관련 강의도 하게 되었다. 이런 모든 것들이 돈이 되어 들어오기

시작했다. 게다가 2011년에는 빚을 갚으려고 내 놓은 아파트가 갑자기 몇 달 동안 만 가격이 오르는 이상 현상이 생겨서 시세보다 약 2억 5천만 원 정도 더 받게 되었다. 그래서 무려 5년째에 '나는 매달 이천만원을 번다'는 확언이 극적으로 초과달성된 것이다. 그리고 2012년에는 7억 원의 빚도 모두 갚아서 무려 10여 년 만에 빚쟁이에서 벗어났다. 물론 그 동안에도 나는 꾸준히 확언을 하면서 마음이 흔들릴 때마다 EFT로 진정시켰다.

"확언과 EFT로 마음이 바뀌니 돈이 들어왔다."

몸 고치려다 인생 고쳐주고 인생 고쳐주려다 돈 버는 법까지 가르쳐주다

나는 심신의학 전문 한의사다. 심신의학이란 대부분의 병은 마음에서 생긴다는 관점에서 마음과 몸을 함께 치료하는 의학이다.

구체적인 나의 치료 사례를 들어보자. 어느 날 등에 통증이 생겼는데 이런 저런 치료를 다 받아도 안 낫는다고 호소하는 50대 남자 환자가 왔다. 나는 처음 환자를 보면 병이 생길 무렵의 힘들었던 상황을 먼저 물어본다. 대체로 병의 원인이 거기에 있는 경우가 많기 때문이다.

그분의 사연을 요약하면 이랬다.

30살 무렵에 사업을 시작해서 10년 정도 고생하니 자리가 잡혀서 중견 직원 한 명을 새로 쓰게 되었다. 그런데 기존 직원들 모두가 회사에 해가 된다고 반대하였으나, 천성이 좋고 의심을 못 하는 이 회사 사장님은 이 직원을 결국 고용하였다.

그러다 이 직원이 거래처에 사고를 쳤고 거래처는 이 사장님에게 소송을 걸어 막대한 돈도 날렸다. 뿐만 아니라 사기죄로 형사 소송까지 걸리는 바람에 평생 구경 한번 안 해 본 검찰청까지 들락거리게 되었다. 그러자 온갖 불안감이 밀려들어 전화 소리만 나도 심장이 쿵쾅거렸고, 갑자기 등도 빠개지듯이 아팠다고 했다. 이렇게 산 지가 벌써 1년이 넘었는데 아직도 그 직원을 못 자르고 있다고 했다.

이분의 통증 원인이 사업상의 스트레스라는 것을 알았고, 특히 사람을 정리하지 못하는 약한 마음이 가장 큰 문제임을 알게 되었다. 이에 EFT와 확언으로 이분의 불안과 통증을 치료해 주었고 더불어 컨설팅도 해 주었다. 하루는 정리해야 할 사람이 몇 명이나 되는데, 그게 안 돼서 회사도 자꾸 엉망이 되고 마음도 불안하다고 호소했다.

이에 내가 말했다. "스스로 못 하시면 할 수 있는 사람을 부사장으로 쓰세요." 그러자 그분은 내 말대로 과감하게 인사 문제를 처리할 사람을 부사장으로 앉혀서 인원 정리를 했고, 이에 회사 사정도 완전히 정리가 되었고 그분의 통증도 사라졌다.

나의 치료는 이런 식이다. 몸의 병이든 마음의 병이든 그 원인은 딱 두 가지다. 앞에서 말한 돈 아니면 사람이다! 그래서 이런 문제까지 고쳐 주다 보니 본의 아니게 한의사에서 라이프 코치(life coach)까지 되어 버렸다.

또 한 번은 60대 여성이 화병으로 나를 찾아왔다. 대충 들어보니 지인에게 못 받은 돈이 화병의 원인이었다. 아는 무당에게 몇 억을 빌려주었는데, 그 무당이 다른 사람 돈은 다 갚으면서 자기 돈만 안 갚고 있다고 하소연했다. 그래서 내가 물었다.

"왜 내 돈만 안 갚을까요? 내가 만만한가요?" "왜 만만할까요?" "그야 뭐 내가 마음이 약해서 욕도 못하고 요구도 잘 못하니까요."

이런 대화가 오가면서 그분은 자신의 문제를 깨닫게 되었다. 이에 내가 결정타를 가르쳐 주었다. "그분이 무당이라고 했죠? 그러면 사람 하나 사서 그 무당집 앞에서 한 30분만 매일 돈 달라고 꽹과리 치면서 난리를 쳐 보세요. 동네 부끄러워서 무당 질 할 수 있겠어요?" "아, 정말요? 진짜 그러면 되겠네요." 그분은 이 말을 듣자마자 몇 년 묵은 화병이 쑥 빠지면서 올 때와는 달리 화색이 가득한 얼굴로 돌아갔다.

돈 떼여 병난 사람에게 떼인 돈을 잊게 하는 것보다는 떼인 돈을 받게 하는 게 훨씬 효과가 좋고, 돈이 없어 병난 사람에게 마음을 비우게 하는 것보다는 돈을 버는 방법을 가르쳐 주는 것이 훨씬 효과가 좋다. 그래서 심신의학 전문가로서 돈 때문에

병 걸린 사람에게 완전한 치료를 위해 돈 문제까지 같이 해결해 주다 보니, 어느새 돈 문제 해결에도 전문가가 되어 버렸다.

또한 나는 확언과 EFT에 관한 전문가로서 심리 치료, 영성, 자기 계발, 심신의학 등의 주제에 관해 많은 강의를 한다. 그중에는 당연히 돈에 관한 것도 있다. 나의 강의나 워크숍에 참가해서 직업이 생기거나, 월급이 오르거나, 진급을 하거나, 사업이 잘 된 분도 아주 많다. 결국 나의 돈 문제를 해결하다 보니, 남의 돈 문제도 해결해 주게 되고, 그러다 보니 아예 돈에 관한 강의까지 하게 된 것이다.

– 돈을 꼭 힘들게 벌어야만 하는가?
– 왜 힘들게 일해도 겨우 먹고 사는가?

– 돈 걱정 없이 살 수는 없는가?

– 도대체 돈을 버는 방법은 무엇인가?

– 돈을 쉽고 즐겁게 벌 수는 없는가?

다들 이런 생각을 해 본 적이 있을 것이다. 나는 수천 명의 사람들을 대상으로 상담과 강의를 한 경험으로 이에 대한 답을 여기에서 제시하고 싶다. 나는 여기에서 다음과 같이 사는 법을 제시하려고 한다.

"돈 버는 고통이 아닌 돈 버는 기쁨을. 생존의 두려움이 아닌 삶의 기쁨을."

부정적 생각과 감정을 싹 지워주는 EFT

"EFT(Emotional Freedom Techniques)는 마음을 치료하는 침술이며 몸을 치료하는 침술이며 침을 사용하지 않는 침술이다."

나는 강의에서 처음 EFT를 소개할 때마다 이렇게 말하면서 시작한다.

첫째, 침을 쓰지 않고 한의학의 경혈(침놓는 자리)을 두드려서 침의 효과를 낸다.

둘째, 두드리면 놀라울 정도로 많은 육체 증상이 사라진다.

셋째, 두드리면 온갖 부정적 감정과 생각이 사라지고 신념이 바뀐다.

EFT 계발의 역사를 간단히 소개하면 이렇다.

1980년 임상심리학 박사 로저 칼라한은 30년간 극심한 물 공포증을 앓아서 심지어 샤워하는 것마저도 두려워하는 여성을 우연히 경혈을 두드려서 몇 분 만에 치료하는 경험을 했다. 이에 그는 경혈에 감정을 치료하는 탁월한 기능이 있음에 주목하고 연구에 박차를 가해 몇 년 만에 TFT(Thought Field Therapy)라는 방법을 만든다.

1990년 개리 크레이그는 이것을 더 간편하게 개선한 EFT를 만든다. 그리고 이제 EFT는 전 세계에서 마음과 몸을 치료하는 기법으로 널리 알려져서 전 세계 30개국 이상에서 매뉴얼이 번역되어 있고, 대략 4,000만 명 이상이 활용하고 있다.

EFT를 하다 보면 무의식에 숨어 있던 온갖 생각과 감정과 기억들이 저절로 떠오른다. 과거에는 무의식에 접근하기 위해서 최면과 꿈을 이용했지만 일반인이 활용하기는 너무 어려웠다. 반면에 EFT는 누구나 쉽고 간편하게 자신을 규정하고 있는 무의식에 쉽게 접근하게 해 준다. 또한 접근 과정에서 무의식의 부정적 생각과 감정을 쉽게 바꿀 수도 있다.

"EFT는 매우 특이하지만 효과는 탁월하다."

뜬금없이 이 말을 하는 이유는 EFT가 낯선 사람들은 이 특이한 방법에 의문을 품기 마련이기 때문이다. 사실 나도 처음 접할 때는 그랬다. 하지만 잠시 이 거부감과 의심을 내려놓고 몇 분만 지시하는 대로 따라서 두드려 보기를 권한다. 아무 생각 없이 5분만 두드려도 독자들의 50% 정도는 그 자리에서 뭔가 달라짐을 느낄 것이다. 종종 의외의 것에, 찰나에 인생이 바뀌는 법이고, EFT가 그 계기를 마련해 줄 것이라고 확신한다. 그러니 일단 두드려 보고 경험해 보라.

EFT 무작정 따라하기

1. 문제 확인하기: 내가 해결하고 싶은 문제를 정하고 불편한 정도를 점수로 매기기

해결하고 싶은 육체적, 심리적 문제를 하나 고른다.

그 증상이 얼마나 불편한지 잘 느껴보고 0~10 사이에서 점수를 매겨본다.

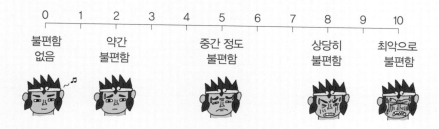

| 해결할 문제의 예 |

육체적 문제

두통, 요통, 치통, 복통, 어깨통증, 피부
가려움, 기타 육체적 불면 및 통증

심리적 문제

불안, 분노, 두려움, 의심, 걱정, 죄책감,
기타 불편한 생각과 감정

2. 준비 단계: 수용확언을 말하면서 손날점을 두드리기

먼저 다음 쪽 문장의 빈칸에 내가 해결하고 싶은 문제를 말로 표현해
서 넣어본다. 이렇게 만든 문장을 '수용확언'이라고 한다. 이제 만들어
진 수용확언을 손날점을 두드리면서 3번 말한다. 단 부득이하면 속으
로 말해도 된다.

손날점

수용확언

나는 비록 (   ) 하지만
마음 속 깊이 진심으로 나 자신을 받아들입니다.

구체적인 수용확언의 예는 다음과 같다.

육체적 문제	심리적 문제
• 나는 비록 (앞머리가 지끈지끈 아프지만) 마음 속 깊이 진심으로 나 자신을 받아들입니다.	• 나는 비록 (중간고사를 망칠까봐 불안하지만) 깊이 진심으로 나 자신을 받아들입니다.
• 나는 비록 (뒷목이 뻣뻣하지만) 마음 속 깊이 진심으로 나 자신을 받아들입니다.	• 나는 비록 (엄마의 잔소리에 짜증이 나지만) 깊이 진심으로 나 자신을 받아들입니다.
• 나는 비록 (걸을 때마다 발목이 뻐근하지만) 마음 속 깊이 진심으로 나 자신을 받아들입니다.	• 나는 비록 (쥐가 너무 무섭지만) 깊이 진심으로 나 자신을 받아들입니다.

3. 연속 두드리기: 연상 어구를 말하면서 타점을 두드리기

그림에 나오는 연속 두드리기 타점(정수리, 눈썹 안쪽, 눈가, 눈 밑, 코 밑, 턱, 쇄골, 옆구리)을 순서대로 5~10회 정도 두드리면서, 수용확언의 빈 칸에 넣은 내 증상을 말한다. 이렇게 말로 표현한 내 증상을 연상 어구라고 한다. 이때 부득이하다면 속으로 말해도 된다. 이 과정을 두 번 반복한다.

연상어구

앞에서 예로 나온 수용확언을 연상어구로 만들면 다음과 같다.

육체적 문제	심리적 문제
• 앞머리가 지끈지끈 아프다.	• 중간고사를 망칠까봐 불안하다.
• 뒷목이 뻣뻣하다.	• 엄마의 잔소리에 짜증이 난다.
• 발목이 걸을 때마다 뻐근하다.	• 쥐가 너무 무섭다.

연속 두드리기 타점

왼편 타점만 두드리든, 오른쪽 타점만 두드리든 양편 모두 두드리든 상관없다.
타점의 위치에 크게 구애받지 말고 대략 두드려도 된다.

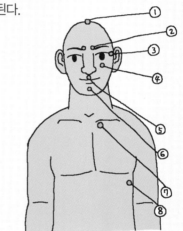

① **정수리**: 머리꼭대기
② **눈썹 안쪽**: 눈썹 안쪽이 끝나는 자리
③ **눈가**: 눈 바깥 초리가 끝나는 자리
④ **눈 밑**: 눈두덩 바로 밑
⑤ **코 밑**: 코와 윗입술의 한가운데
⑥ **턱**: 아랫입술 밑 가장 오목한 곳
⑦ **쇄골**: 쇄골이 시작되는 곳의 아래로
　　2센티미터. 뼈가 아닌 살이 있는 곳
⑧ **옆구리**: 겨드랑이 아래 한 뼘

4. 연속 두드리기 반복하기: 3의 과정을 반복한다

5. 문제 재확인하기: 결과를 확인해보고 다시 EFT를 해보기

다시 나의 불편함이 얼마나 어떻게 느껴지는지 확인해 보라. 모두 다음 셋 중의 하나
가 될 것이다.

첫째로 생각과 감정이 강도만 바뀌는 경우

예를 들어 보자. 갑돌이는 처음에 중간고사에 대한 불안감이 8이어서, '중간 고사를

망칠까봐 불안하다'는 말을 하면서 EFT를 했더니 4로 줄었다. 그렇다면 이제는 수용확언과 연상어구를 다음과 같이 바꿔서 다시 해보면 된다.

〈수용확언〉
나는 비록 아직 (중간 고사를 망칠까봐 불안하지만) 마음 속 깊이 진심으로 나 자신을 이해하고 받아들입니다.
〈연상어구〉
나는 아직 (중간 고사를 망칠까봐 불안하다).

이렇게 '아직'이란 말을 넣어서 고통 지수가 0이 될 때까지 반복하면 된다.

둘째로 다른 생각과 감정이 떠오르는 경우
처음에 갑돌이가 '중간 고사를 망칠까봐 불안하다'는 말을 하면서 EFT를 했더니, 이제는 '시험을 망쳐서 엄마가 실망할까봐 걱정된다'는 생각이 들었다. 그러면 이 생각을 그대로 수용확언으로 만들어서 EFT를 하면 된다.

〈새로운 수용확언〉
나는 비록 (이번 시험을 망쳐서 엄마가 실망할까봐 걱정되지만) 마음 속 깊이 진심으로 나 자신을 이해하고 받아들입니다.

셋째로 효과가 없는 경우
EFT는 반드시 효과가 난다. 하지만 물론 EFT를 하는 사람의 기술 정도도 중요하다. 문제가 너무 깊고 복잡해서 효과가 빨리 나타나지 않는 분들은 다음과 같이 해보기를 권한다. 나의 EFT 소개 블로그(http://blog.naver.com/hondoneft)로 가서 다음 순서대로 목차를 따라 들어가면 EFT하는 법을 동영상으로 배울 수 있다. 'EFT 자료실' → 'EFT가 처음이세요?' → 〈EFT 무작정 따라하기〉: EFT하는 법'
그밖에도 EFT에 관한 전한 전문서인 『5분의 기적 EFT』를 참고하거나, 유나 방송(una.or.kr)에서 '두드림의 선물 EFT' 강의를 듣는 것도 좋다.

1장

돈이란 무엇인가?
• 돈은 돈이 아니라 마음이다

네 마음인데도
네 마음대로
못 하지롱~.

그러게,
왜 안 되는지
모르겠어.

돈은 마음이다

앞에서 본 것처럼 나는 나의 개인적 경험과 상담과 강의를 통해서 돈이 움직이는 것에는 일정한 패턴 또는 법칙이 있다는 것을 점차 알게 되었다. 그럼 과연 그것이 무엇인가? 먼저 한마디 하자면 물이나 공기처럼 늘 우리는 돈 속에 살고 있기에 누구나 돈에 관해 이런 저런 말을 한마디씩 한다. 그런데 여기에 그 누구도 부정할 수 없는 100% 명백한 돈의 진실이 있다.

1) 돈은 발이 없다. 그래서 스스로 움직이지 못한다.
2) 돈을 움직이는 것은 사람이다.
3) 사람을 움직이는 것은 마음이다.
4) 그러니 돈은 마음 따라 움직인다.

돈에 관한 온갖 설이 난무하지만 돈에 대해서 이것 이상의 진실은 없다. 내가 돈이 없다면 내 마음이 돈을 막는 것이고 내가 돈이 많다면 내 마음이 돈을 끄는 것이다. 이것을 한 마디로 이제 이렇게 말할 수 있다.

"돈은 내 마음의 반영이다."

나의 이런 주장에 독자들은 '그럴 듯하지만 과연 이게 전부일까'라는 의구심을 완전히 떨쳐버릴 수 없을 것이다. 사실 수많은 경험을 통해서 나는 오래 전에 이런 영감을 얻었지만 마음 한 구석에는 약간의 의구심이 있었다. 그래서 이런 의구심을 완전히 떨쳐버리고 나의 주장을 객관화하기 위해서 다시 연구에 몰두했다.

나는 이 책을 쓰기 위해서 몇 년 동안 200여 권의 돈에 관한 온갖 책과 100여 시간 분량의 돈에 관한 다큐멘터리를 보았다. 금융, 개인회생, 재테크, 금융의 역사, 월스트리트에 관한 것, 유인력, 투자 심리학, 주식 투자, 돈의 역사, 경제학, 개인 창업, 스티브 잡스 같은 각종 사업가에 관한 전기, 경영, 마케팅 등 돈에 관한 것이라면 닥치는 대로 읽었다. 참고로 나는 거의 모든 책을 아마존에서 전자책 원서로 구입해서 본다. 국내 서적만으로는 한 주제에 관해 이렇게 방대하고 정확한 자료를 얻을 수 없기 때문이다.

그리고 나는 다시 한 번 나의 이런 직관이 옳음을 확인했다. 내가 봤던 책의 제목 중 하나가 생각난다. 『그것은 돈에 관한 것이 아니야. It's not about money.』 곧 돈은 돈에 대한 것이 아니라 마음에 관한 것이라는 내용이었다. 재미있는 것은 모든 돈벌이 전문가들이 결국에는 돈은 돈의 문제가 아니라 마음의 문제라는 것을 하나같이 역설하고 있었다. 아울러 경기도 마음이다. 군중이 탐욕에 빠지면 경기 과열이 오고 두려움에 빠지면 공황이 온다. 이렇듯 돈은 개인에게나 군중에게나 모두 마음의 문제다.

행복이 돈이 된다!

2006년 7월에 방영된 「MBC 스페셜 심리과학다큐, '행복'」이란 2부작 다큐멘터리에는 마음과 돈의 상관성에 관한 중요한 심리학적 실험이 나온다. 1973년에 초등학교를 졸업한 한 학급을 골라, 성적 기록표에서 그 반 전체 학생들의 성적·아이큐·행동 특성을 통계를 낸다. 그 다음에 33년이 지난 2006년 현재 그들의 소득을 다시 통계를 낸다. 그 다음에 성적·아이큐·행동 특성 중에 어느 것이 현재 소득과 가장 밀접한 연관성이 있는지 찾아본다.

그러자 놀라운 일이 일어났다. 아이큐는 현재 소득과 전혀 상관성이 없었고, 성적은 미미한 상관성이 있었을 뿐이고, 교사가 평가한 학생의 행동 특성 그중에서도 특히 '정서적 안정'이 가장 확실한 상관성을 나타냈다.(참고로 정서적 안정이란 화나 짜증을 덜 내고 마음이 편안한 상태를 말한다.)

그런데 이 지표에서 상위 20%는 하위 20%보다 평균 월소득이 150만원이 더 높았다. 이것을 연소득 더 나아가 평생 소득으로 환산한다면 얼마나 될까? 1년이면 1,800만 원이고 10년이면 1억 8천만 원이고, 나아가 돈이 돈을 버는 것까지 생각하면 어마어마한 액수가 될 것이다.

"행복은 성적순이 아니지만 돈은 행복 순이다."

행복이 성공이다

전 세계적인 강의 프로그램인 TED의 가장 인기 있는 강사이자 『행복의 특권, Happiness Advantage』이라는 베스트셀러 저자로 유명한 숀 아처는 행복과 성공의 관련성에 대한 세계적인 권위자다. 그는 하버드대 출신 심리학자로 하버드대에서 강의 관련 저명한 상을 10여 개 이상 받았고, 그의 '행복학' 강의는 10년 동안 하버드대에서 인기 1위를 달리기도 했다.

애초에 하버드대 신입생 상담을 맡았던 그는 대부분의 하버드대 학생들이 치열한 경쟁으로 인해 우울증에 빠진다는 사실을 알고 고민에 빠졌다. '왜 세계에서 가장 똑똑한 인재들이 우울하고 불행할까?' 이런 고민에 대한 연구는 1,600명의 하버드대 학생을 대상으로 하는 최대 규모의 행복 연구 프로젝트로 이어졌고, 마침내는 12년 동안 지속되어 행복학과 성공학을 아우르는 경지까지 확장되었다.

이제 그의 연구 성과는 하버드대 상담실을 넘어 너무 치열한 경쟁 속에서 오히려 성과마저 놓치고 있는 기업들에게까지 전 세계로 확산되고 있다. 그는 구글, IBM, 코카콜라, 우리나라의 삼성 등 전 세계 유수의 기업이 포함된 45개국 2만 5,000명의 비즈니스맨이 포함된 연구와 강의로 발전하였다. 그는 현재 케임브리지에 근거를 둔 '좋은 생각(Good Think)'이라는 컨설팅 회사의 대표이며 긍정적인 성취자들을 연구하여 인간의 잠재력과 성공, 행복이 어떻게 관련되어 있는지를 연구하고 각종 기업과 개인에게 그 비결을 전파하고 있다.

『Happiness Advantage』, Crown Business, 2010, 1~21쪽

여기서는 그의 핵심적인 주장을 간략하게 살펴보도록 하자. 성공과 행복에 관해 널리 통용되는 공식이 있다. "열심히 하면 성공해. 일단 성공하면 행복해져." 다들 이렇게 생각한다. 승진이 되면 행복해지겠지, 성적이 오르면 행복해지겠지, 살이 빠지면 행복해지겠지 등등 예는 많다. 늘 성공이 먼저고 행복은 그 다음이다.

그런데 정말 그럴까? 일단 승진이 되거나 성적이 오르거나 살이 빠져 자신의 목표를 달성하면 행복해져야 한다. 하지만 실제로는 성공을 이룰 때마다 우리는 목표를 올리고, 행복은 다시 뒤로 미루어진다. 그래서 우리는 늘 잡을 수 있을지 미정인 성공을 기다리느라 우울하다.

게다가 이 공식은 완전히 틀렸으며 도리어 그 반대로 작용한다. 10년 이상 누적된 긍정심리학과 신경생리학의 선구적인 연구 결과는 확실하고 분명하게 이것을 보여준다. 그 결과에 따르면 행복은 성공의 결과가 아니라 도리어 원인이다. 행복감과 낙천성은 실제로 수행능력과 성취를 엄청나게 북돋워줌으로써 경쟁에서도 도리어 유리하게 작용한다.

또한 행복감을 미루는 것은 성공에 필요한 뇌의 능력을 제약한다. 행복한 뇌는 더 쉽게 동기 유발이 되고 효율적이며, 회복 탄력성이 크고 창의적이고, 생산적이어서 수행능력을 향상시킨다. 이런 발견이 수천 건의 과학 논문, 1,600명의 하버드대 학생에 대한 숀 아처의 연구, 『포춘』 선정 전 세계 500대 기업 중 수십 개의 기업을 대상으로 한 숀 아처의 연구 등에서 증명되었다.

그는 하버드대에서의 경험을 이렇게 말한다. 많은 학생들은 하버드대 입학을 선택받았다고 느끼지만 몇 달이 지나면 막대한 학업량과 경쟁과 스트레스에 치여 곧 이 느낌을 잃는다. 졸업 학위를 받는 순간 수많은 문이 열리게 되지만 그들은 늘 미래가 깜깜하다고 투덜거린다. 그들은 앞에 놓인 무한한 가능성에 고무되기보다는 바로 앞에 닥친 조그만 실패에 압도당한다. 이런 많은 학생들을 보면서 숀 아처는 한 가지 사실을 깨달았다. 그들은 스트레스에 약할 뿐만 아니라 성적이나 학문적 성취도도 가장 낮았다.

반면에 하버드대에 입학한 것이 선택받았다고 꾸준히 느끼는 몇몇 학생들의 학교생활은 오히려 반짝반짝 빛났다. 숀은 이런 학생들은 도대체 어떤 마음을 가졌길래 엄청난 경쟁 환경에서도 잠재력을 다 발휘하게 되는지 연구하게 된다. 2004년 어느 통계에 따르면 하버드대 학생의 80%는 학기 중에 적어도 한 번은 우울증을 앓고, 거의 50%는 우울증이 너무 심각해서 정상 생활이 불가능했다. 이에 숀은 우울하지 않은 이들 20%에 주목한다. 그들은 도대체 왜 다른가?

입학 첫날, 모든 신입생들은 걸음도 당당하게 하버드라는 명예의 전당에 들어선다. 그러나 몇 달이 채 지나지 않아서 곧 깨닫게 된다. 미국 전역에서 상위 1%의 우수 학생으로 들어왔지만 곧 그들 중 99%가 이곳에서는 그 1%에서 탈락한다는 것을 깨닫게 된다. 그래서 그들은 모두 생존 모드로 돌변한다. 1% 안에 들기 위해서 친구도 애인도 취미도 다 끊고 학업에만 몰두한다. 그들이 아는 유일한 삶의 방식은 '먼저 성공해라. 행복은 그 다음이다.'뿐이니

까. 그래서 학생들의 80%가 우울증을 앓게 되고, 50%는 정상 생활을 할 수 없는 폐인이 된다. 그러나 숀 아처가 하버드대에서 성공한 학생들을 실제로 연구한 바에 따르면 완전히 달랐다. 그 반대였다.

우리는 행복하고 긍정적일수록 더 성공하게 된다. 예를 들어보자. 행복한 의사는 그렇지 않은 의사들보다 진료를 할 때 3배의 지능과 창의성을 발휘하고, 19% 더 빨리 정확한 진단을 내린다. 낙천적인 영업사원은 비관적인 동료들보다 56% 이상 더 많은 물건을 판다. 수학 시험을 보기 전에 행복감을 느끼게 만든 학생들은 그렇지 않은 학생들을 훨씬 앞질렀다. 연구의 결론은 명확했다. 우리의 뇌는 부정적일 때가 아니라 심지어 무감정일 때도 아니고 오직 긍정적일 때에만 최상의 기능을 발휘하도록 선천적으로 프로그래밍 되어 있다!

지금까지 나온 긍정심리학의 연구를 종합하여 분석하면 27만 5,000명을 대상으로 200여 건의 연구가 진행되었으며 결론은 역시나 동일하다.

"행복이 성공을 이끈다.
이 원리는 거의 모든
분야에서 예외 없이
적용된다."

행복은 성적순이
아니잖아!

성적

행복

뻥

돈은
행복순입니다!

마음으로 행운도 만들 수 있다

"될 놈은 뭘 해도 된다"는 말이 있다. 운이 좋은 사람은 뭘 해도 된다는 뜻으로 많이 쓰이는 듯하다. 돈과 관련해서 상담과 강의를 해 보면 제일 많이 듣는 말이 바로 '운'이다. 많은 사람들이 돈을 버는 가장 확실한 비결은 좋은 운을 타고 태어나는 것이라고 생각한다. 그래서 돈이 없는 것에 대한 가장 확실한 변명도 '운이 나빴다'인 경우가 대부분이다. 과연 돈에 관해서 운이 거의 대부분을 결정한다면, 대부분의 운 없는 보통 사람은 결코 돈을 벌 수 없다는 말인가?

그런데 다행히도 이런 의문에 일찍이 답을 준 사람이 있으니 그가 바로 심리학자 리처드 와이즈만이다. 그는 8년 동안 운이 지독히도 나쁜 사람과 운이 매우 좋은 사람들 700여 명을 면담하고 연구하고 실험하여 마침내 운이 매우 좋은 사람의 특징을 찾아냈다. 참고로 운이 매우 좋은 사람들이란 늘 좋은 인연이 생기고, 자연스럽게 원하는 일을 하게 되고, 운 좋게 사고를 피하는 사람들이다. 반면에 운이 지독히도 나쁜 사람들이란 억울하게 직장을 잃고, 늘 못된 사람들을 만나 그들에게 시달리고, 온갖 사고도 자주 당하는 그런 불행한 사람들이다.

그는 그 특징을 '4원칙과 12가지 세부 실천사항'으로 추려낸다. 그리고는 운이 지독히도 나쁜 사람들에게 이 비법을 가르치고 훈련시킨다. 그리고 얼마간의 시간이 지나자 이들의 운도 확 좋아진다. 인간관계가 풀리고, 연애가 잘 되고, 일자리가 생기는 등의 일이 일어난다. 뿐만 아니라 운이 매우 좋은 사람들에게도 이 비법을 가르쳐 보았다. 그러자 놀랍게도 그들의 운이 더 좋아졌다. 자 이제 분명해졌다.

"행운도 만들어낼 수 있다."

그럼 그가 밝혀낸 행운을 만드는 비결은 무엇인가? 사실 그 내용은 독자 여러분들이 거의 대부분 알고 있는 것들이다. 온갖 자기 계발서에서 무수히 언급하는 내용들이니까. 낙천성, 긍정적 기대, 직감을 믿고 키우기, 적극성, 느긋함, 사교성 등이다. 결국 운이 매우 좋은 사람들과 같은 마음을 가지면 운도 좋아진다는 것이 아닌가!

　그럼 도대체 이런 마음이 돈과 관련해서 구체적으로 어떻게 작용한다는 말일까? 이것과 관련해서 그는 재미있는 실험 하나를 설계해서 실행했다. 신문 하나를

건네주면서 이 안에 사진이 몇 개 있는지 알려달라고 한다. 그런데 이 신문에는 재미있는 장치가 되어 있다. 2쪽에는 "숫자 세기는 이제 그만하시오. 이 신문에는 사진이 43개 들어 있습니다."라는 문장을 신문 한 면의 반에 걸쳐서 4센티미터가 넘는 큰 글자로 적어 놓았다. 또한 신문 중간쯤에는 "숫자 세기는 그만하시오. 실험자에게 이 문구를 보았다고 하면 100파운드를 받을 수 있습니다."라고 적어 놓았다.

실험을 실시하자 재미있는 결과가 일어난다. 운이 나쁜 사람들은 신문 속에 숨겨진 이 힌트를 모두 놓쳤고, 운이 좋은 사람들은 대부분 이 힌트를 발견하고서는 일찍 사진 숫자를 말하거나 두 번째 힌트로 100파운드를 땄다. 리처드는 심지

어 피실험자들이 지나가는 길에 돈을 떨어뜨려 놓아 보았다. 역시나 결과는 비슷했다. 운이 좋은 사람들은 대체로 돈을 다 주웠고, 운이 나쁜 사람들은 모두 돈을 줍지 못했다.

왜 이런 일이 일어날까? 그의 설명에 따르면 운이 좋은 사람들은 늘 뭔가 좋은 일이 있을 거라는 기대가 있고 여유가 있다. 그러다 보니 어디에서든 유리한 기회를 잘 찾게 된다는 것이다. 반면에 운이 나쁜 사람들은 늘 자신의 인생이 뻔하다는 생각을 하고 있고 마음이 늘 불안하고 쫓긴다. 그러다 보니 바로 눈앞에 기회가 있어도 보지도 잡지도 못한다는 것이다.

또 운이 좋은 사람들의 가장 큰 특징은 '낙천성'이다. 예를 들어보자. 여러분이 은행에 가서 강도를 만나 재수 없게도 팔을 다치는 일이 생긴다면 어떤 생각이 들겠는가? 운이 나쁜 사람은 이렇게 생각한다. '역시 나는 되는 게 없어. 왜 나는 맨

날 이런 일이 생겨?' 반면에 운이 좋은 사람은 이렇게 생각한다. '다행이다, 안 죽고 살았으니까!' 이런 낙천성 덕분에 운이 좋은 사람들은 나쁜 일을 겪어도 충격이 적어서 쉽게 벗어나고, 반면에 좋은 기회는 단번에 꽉 잡는다.

그의 실험에 따르면 운이 좋은 사람이란 기회를 잘 보고 꽉 잡는 사람이라고 정의할 수 있을 것이다. 그는 『운의 요소The Luck Factor』에서 이렇게 말한다. "운이 좋은 사람들은 '적절한 때에 적절한 곳에 있는 탁월한 능력'을 갖고 있다. 그런데 사실 이 능력은 실제로는 그렇게 만드는 마음을 가진 결과일 뿐이다!" 그래서 마침내 이렇게 정리할 수 있다.

"마음으로 행운도 만들어낼 수 있다."

감정 컨트롤이 머니 컨트롤이다

역사상 최고의 천재라고 불리는 아이작 뉴턴은 누구나 다 알 것이다. 그 엄청난 만유인력과 미적분의 발견자인 뉴턴은 학자인 동시에 또한 열렬한 주식 투자자이기도 했다. 그런데 이런 역사적 천재의 주식 투자 성적은 어떠했을까?

1713년에 뉴턴은 '사우스 시(South Sea)' 회사의 주식을 처음으로 사서 1720년 초에 약간의 차익을 내고 처분했다. 그러나 연초에 128파운드에 불과하던 주가가 계속 올라서 3월에 330파운드가 되자 재매입했고, 4월에 이를 전량 처분해 이번에는 상당한 매매 차익을 거뒀다. 여기까지 뉴턴의 재테크는 상당히 순조로웠다.

그런데 그가 주식을 처분한 뒤에도 이 회사 주가는 죽 상승해서 6월에는 무려 1,000파운드가 되었다. 그의 친구들은 여전히 이 주식을 갖고 있어서 가만히 앉아 막대한 부를 쌓고 있었다. 뉴턴은 질투의 눈으로 이를 지켜보아야 했다. 결국 뉴턴은 7월에 뒤늦게 주식 시장에 뛰어들었고 주가는 하락세로 돌아섰다. 그러나 뉴턴은 이 와중에 돈을 빌려서까지 주식을 추가로 매입했다. 지난 3개월 동안 날린 기회수익을 한꺼번에 만회하려면 이 방법밖에 없다고 생각했던 것이다. 하지만 이것이 불행의 서막이었다. 하필 이때가 주가가 꼭짓점에 이른 때였고, 주가는 이로부터

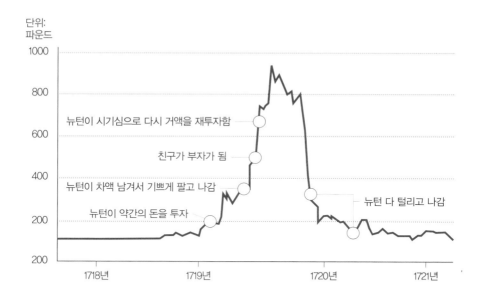

단위:
파운드

뉴턴이 시기심으로 다시 거액을 재투자함

친구가 부자가 됨

뉴턴이 차액 남겨서 기쁘게 팔고 나감

뉴턴이 약간의 돈을 투자

뉴턴 다 털리고 나감

1718년 1719년 1720년 1721년

두 달 만에 폭락하기 시작했으며 12월엔 연초 수준까지 추락했다.

결국 뉴턴은 그제서야 주식을 처분했고 전 재산의 90%(현재 가치 50억 정도)를 날려버렸다. 그런데 뉴턴은 왜 이런 어처구니없는 짓을 했을까? 1720년에 사우스 시 주가가 상승하자 당신 많은 영국 사람들은 너도나도 이 주식을 샀고, 뉴턴은 이를 보면서 이에 편승하지 않으면 자기만 손해볼 것이라는 두려움에 빠져서 충동적으로 주식을 샀다. 그러다 이익을 보고 처분한 뒤에도 주가는 계속 오르고 더군다나 친구들이 부자가 되는 꼴을 보자 시기심에 빠졌다. 뒤늦게 탐욕에 눈이 멀어 막대한 돈을 투자했고 주가가 계속 폭락하는데도 집착 때문에 빠져나오지 못해 재산을 다 날린 것이다. 결국 이렇게 뉴턴은 두려움과 시기심과 탐욕과 집착의 대가로 자신의 전 재산을 바쳐야 했던 것이다.

반대의 예도 있다. 몇 년 전에 불안과 분노가 심한 40대 남성이 한 번은 내게 상담을 받으러 왔다. 주 1회씩의 상담이 두어 달이 넘어가자, 처음에 그토록 심하던 불안과 분노도 차츰 누그러지기 시작했고 한 번은 그가 뜬금없이 이렇게 말했다.

"선생님 EFT 덕분에 돈 벌었습니다."

그러면서 그는 자초지종을 이야기하기 시작했다.

회사원인 그는 부업으로 주식 투자를 하고 있었다. 그런데 상담 받는 기간 중에 갑자기 주가가 폭락해서 반토막이 되었고 상당한 재산을 날릴 위기에 몰렸다. 이로 인해 처음 며칠 동안은 정신도 못 차리고 불안에 떨기만 했다. 그러다 문득 EFT가 생각나서 열심히 EFT를 하니 점차 마음이 가라앉았다. 마음을 진정시키고 폭락하고 있는 주식 종목을 가만히 보니 모든 종목이 떨어지고 있었는데, 한 종목만 유난히 천천히 떨어지고 있었다.

그래서 그는 나머지 종목들을 모두 팔고 이 종목 하나에 모든 돈을 밀어 넣었다. 그렇게 한 달쯤 지나 떨어졌던 주가가 다시 회복되기 시작했고 그가 올인 했던 종목은 원래보다 몇 배 이상 뛰면서 손실도 회복했고, 주가 총액도 도리어 원래보다 2배 이상으로 늘었다고 했다. 그가 마지막으로 말했다. "EFT가 없었으면 돈 잃을까 봐 두려워서 벌벌 떨기만 하다가 아무 것도 못해 보고 돈을 다 날렸을 겁니다."

전설적인 주식 투자자인 워런 버핏의 스승으로 유명했던 벤자민 그레이엄(Benjamin Graham)은 성공적인 투자를 하는 법에 대해서 이렇게 말했다. "특별한 지능이나 직관이 필요하지는 않아요. 다만 그저 간단한 투자 규칙을 받아들이고 그것을 지켜야 해요." 그런데 문제는 규칙이 아니다. 진짜 문제는 투자 전문가들마저 감정에 휘둘려서 자신들의 규칙을 지키지 않고 어기다가 결국 돈을 잃는다는 것이다. 그래서 결국 이렇게 말할 수 있다.

"감정 컨트롤이 머니 컨트롤이야!"

카네기가 부의 비결이 마음임을 밝히다

나폴레온 힐은 대학교 학비를 마련하기 위해 작은 언론사에서 기자로 일하고 있었다. 그러다 힐은 1908년에 철강왕 카네기를 인터뷰할 수 있는 행운을 갖게 되었다. 이때 카네기는 1901년에 자신의 철강회사를 무려 4억 8,000만 달러(2015년 가치로 136억 달러, 원화로 대략 15조)에 매각함으로써 역사상 최고의 부자가 되어 은퇴하고 자선사업에 전념하고 있었다. 73살의 카네기는 25살 먹은 이 애송이 기자를 자택으로 초대해 사흘 동안 연속해서 만남을 가졌다.

산전수전 다 겪은 백전노장인 카네기는 첫눈에 이 젊은이가 비범한 근성이 있다고 느껴서 아주 대담한 제안을 한다. 힐에게 미국의 가장 성공한 사람들의 비결을 20년 이상 연구해서 발표하는 작업을 해볼 생각이 있는지 묻는다. 게다가 성공한 사람에게 소개만 해 주지 돈은 주지 않겠다는 전제 조건까지 덧붙였다. 힐은 대답한다. "사람을 잘못 고르신 것 같습니다. 그 일을 하기에 저는 너무 젊고 돈도 없고 학벌도 달립니다."

이에 카네기가 말한다.

"잠시 자네가 가진 위대한 힘에 대해 알려주겠네. 그 힘은 가난보다 위대하고 학벌보다 위대하고 자네가 가진 모든 두려움과 미신을 합친 것보다도 위대하네. 그

힘은 바로 자신의 마음을 장악해서 대상이 무엇이든 원하는 것에 마음을 집중하는 것이네. 이 심오한 힘은 사실 창조주가 주신 선물이네. 그리고 사실상 그분의 많은 선물 중에서도 가장 위대한 선물이지. 이 힘만 있으면 다른 모든 선물은 완벽하게 내키는 대로 조종할 수 있네.

자네가 가난과 부족한 학벌에 대해서 말함으로써 자네는 도리어 바로 그런 것들을 더 끌어당기는 쪽으로 마음의 힘을 쓰게 되네. 진정으로 마음속에 자꾸 생각하는 것을 마음은 자네에게 끌어오기 때문이지. 이것을 깨닫는 게 중요해. 모든 성공은 뚜렷한 목표를 갖고 인생에서 정확하게 원하는 것을 마음속에서 선명하게 보는 데에서 비롯되는 거야. 모든 사람은 축복받은 특권을 가진 채로 지구상에 오네. 그 특권은 자신의 마음의 힘을 장악해서 어떤 목표를 선택하든 그것에 집중하는 것이야.

또한 모든 사람은 두 개의 밀봉된 봉투를 갖고 태어나. 한 봉투에는 이렇게 분명히 적혀 있어. '당신이 마음의 힘을 장악해서 당신이 선택한 목적에 이 힘을 집중할 때 누릴 수 있는 풍요로움' 또 다른 봉투에는 이렇게 적혀 있어. '당신이 마음의 힘을 장악해서 당신이 선택한 목적에 집중하는 것에 소홀히 했을 때에 지불해야 할 대가 그 두 봉투 안에 든 내용물을 말해주지.

한 봉투에는 이런 축복들이 들어 있지. 1) 온전한 건강 2) 마음의 평화 3) 당신이 선택한 사람과의 멋진 사랑 4) 두려움과 걱정에서 벗어남 5) 긍정적인 마음 6) 당신이 원하는 만큼의 물질적 풍요.

다른 봉투에는 이런 대가들이 들어 있네. 1) 아픈 몸 2) 걱정과 두려움 3) 우유부단함과 의심 4) 평생 동안의 좌절과 실망 5) 가난과 결핍 6) 질투, 탐욕, 분노, 미움, 미신 같은 온갖 종류의 사악함들.

내 인생의 사명은 자네처럼 내 도움이 필요한 모든 사람들에게 첫째 봉투를 열어서 그 속에 든 온갖 축복을 누리도록 돕는 것이네."

이 말을 듣자 힐은 홀리듯이 승낙하고 말았다. 카네기는 먼저 자신의 성공 방정식을 이렇게 일러주었고, 그 다음에는 미국에서 가장 성공한 사람 500여 명을 인터뷰해 그들의 성공방정식을 알아내도록 했다. 이를 위해 카네기는 자동차왕 헨리 포드에게 소개장을 써 주었고, 포드는 전화왕 알렉산더 그레이엄 벨과 발명왕 에디슨 등에게 소개장을 써 주었다. 이런 식의 꼬리물기 인터뷰로 무려 500여 명의 저명 성공인 들을 인터뷰하게 된다.

그리고 마침내 힐은 정확히 20년 뒤 1928년에 8권짜리 『성공의 법칙The Law of Success』을 출간했고 1930년에는 이를 좀 더 압축시켜 『생각으로 부자가 되어라』를 펴내었다. 이 책은 출간되자마자 엄청난 히트를 기록했고 현재까지 전 세계에서 4천만 부 이상이 팔렸다고 한다. 이 책을 보면 다른 사람들의 성공 비결도 모두 카네기가 처음 말해 준 것과 거의 대동소이했다. 결국 일종의 성공 공식을 확립한 것이다.

부의 축적 과정에서 악명을 쌓긴 했지만 카네기는 은퇴 후에 재산의 90% 이상을 사회에 환원했다. 그는 심지어 이렇게 말했다. "부자로 죽는 것보다 불명예스러운 것은 없다" 그는 돈을 기부하는 것 이상으로 다른 사람들도 부자가 되는 방법을 아는 것이 더 중요하다고 생각했다. 그가 힐의 20년 연구에 한 푼도 지원하지 않은 것도 바로 이 생각 때문이었다. 돈 자체보다는 돈 버는 방법이 더 중요한 것이니 힐도 당연히 이 연구 과정에서 알게 되리라 생각했고 실제로 힐도 이런 방법으로 백만장자가 되었다.

결국 그의 가장 큰 마지막 기부는 부자 되는 방법을 세상에 알려주는 것이었고 힐은 이 임무를 충실히 수행했던 것이다. 힐의 책은 카네기가 죽은 지 10년 뒤에 나왔다. 카네기가 자신의 인생을 걸고 얻었던 깨달음이며, 인류에게 남긴 가장 위대한 유산을 한마디로 말해 보자.

"당신은 마음의 힘으로 돈을 포함해서 무엇이든 얼마든지 얻을 수 있다."

돈을 끄는 마음, 돈을 막는 마음

지금까지 돈은 마음이라는 주제에 대해서 제법 많이 설명했다. 이제 다시 여기서 정리해 보자. 많은 사람들에게 돈 버는 법을 물어보면 대체로 다음과 같이 말한다.

- 운이 따라야 한다.
- 물려받은 재산이 있어야 한다.
- 학벌이 좋아야 한다.
- 재능이 있어야 한다.

하지만 실제로 내가 연구하고 경험한 바에 따르면, 앞의 상식은 다음과 같이 교정 되어야 한다.

1) 운은 만들 수 있다. 나의 연구와 경험
   에 따르면 돈을 못 버는 사람만 운을 탓
   하지, 돈을 버는 사람은 행운을 믿거나
   운을 탓하지는 않는다.

2) 재산은 물려받을 수 있지만 돈 버는 능력은 물려받을 수 없다. 부자가 3대를 넘기지 못한다.

3) 학벌과 돈은 상관없다. 많이 배운 사람이 돈을 버는 것이 아니라 배운 것을 잘 활용하는 사람이 돈을 번다. 얼마나 많이 아느냐보다 아는 것을 얼마나 써먹느냐가 더 중요하다. 실제로 고 정주영 회장은 소학교 졸업이 학력의 전부였고, 고 이병철 회장은 학교에서 낙제생이었다.

4) 세상에는 재능 있는 실패자가 너무 많다. 재능은 계발하는 것이고, 재능은 써먹어야 돈이 되는 것이다. 모자란 재능도 잘 써먹으면 돈이 된다.

사람들의 이런 주장을 한마디로 요약하면 이렇게 말할 수 있다. "조건이 좋아야 돈을 번다." 하지만 지금까지 본 것처럼 이런 주장은 완전히 틀렸다. 보통 사람들이 돈을 못 버는 이유는 바로 이렇게 생각하기 때문이다. 사실 정답은 바로 이것이다.

"조건이 아니라 마음이 돈을 번다."

그럼 구체적으로 어떤 마음이 돈을 버는가? 우리는 수많은 생각을 하고 밤에도 꿈을 꾸느라 잠시도 생각을 쉬지 못하니, 이렇게 복잡하고 끊임없는 마음으로 도대체 어떻게 하면 돈을 번다는 말인가? 마음이 아무리 복잡해도 돈에 관해서는 딱 두 가지의 마음이 있을 뿐이다. 돈이 되는 마음과 돈이 안 되는 마음! 그것을 다음과 같이 정리할 수 있다.

돈을 밀어내는 마음(돈이 안 되는 마음)	돈을 끌어오는 마음(돈이 되는 마음)
• 의심 • 불안과 걱정 • 두려움 • 자기 비난 • 조바심 • 부담감 • 고정 관념 • 좌절감 • 변덕 및 포기 • 무의미 • 불평 및 불만 • 비교 및 열등감 • 비관주의 • 우유부단 ...	• 믿음 • 평정심 • 용기 • 자기 이해 및 수용 • 여유 • 재미 및 호기심 • 창의성 • 도전 의식 • 분명한 목표 및 끈기 • 의미 및 열정 • 감사 • 자기만족 및 보람 • 낙천주의 • 결단 ...

위의 표를 보니 어떤가? 감이 잡히는가? 아직도 감이 안 잡힌다면 잠시 생각해 보자. 독자 여러분들은 잠시 책을 접어두고 돈에 대해서 생각해 보라. 돈에 대해서 어떤 생각과 감정이 드는가?

갑돌이는 돈을 생각하면 돈 떨어질까 늘 두렵고, 어떻게 버나 의심만 들고, 돈도 못 버는 자신이 너무 한심하고, 돈 버는 게 싫지만 먹고 살려니 벌어야 한다는 생각에 부담감만 든다. 자 이런 갑돌이가 돈을 잘 벌겠는가?

반대로 을돌이의 돈에 관한 생각을 보자. 을돌이는 돈 버는 게 재미있고, 늘 세상 돌아가는 것에 호기심이 있어 돈 버는 기회가 잘 보이고, 돈은 얼마든지 벌 수 있다는 자신감도 있고, 불경기를 만나도 낙천적으로 끈기 있게 잘 버틴다. 자 이런 을돌이가 돈을 못 벌 수 있겠는가?

경제학에는 수요와 공급의 법칙이라는 것이 있어서, 수요 곡선과 공급 곡선이 만나는 점에서 가격이 결정된다. 마찬가지로 우리의 소득도 이렇게 결정된다. 그것을 나는 대략 다음과 같은 공식으로 만들어 보았다.

$$C = A - B$$

C: 나의 현재 소득 수준. A: 돈을 끌어오는 마음의 크기. B: 돈을 밀어내는 마음의 크기

이 공식을 다음과 같은 그림으로도 표현해 볼 수 있다.

자 그럼 여기서 나의 현재 소득 수준을 높이는 방법은 무엇이겠는가? 당연히 A를 키우거나 B를 줄이면 된다. 한 번에 다 바꾸지 않아도, 작고 느려도 우리가 A와 B를 꾸준히 바꾸어 나간다면 당연히 우리의 소득은 이 차이를 반영하게 된다.

또 많은 사람들은 결과(또는 버는 돈)는 노력에 비례한다는 생각을 갖고 있다. 이런 생각을 공식으로 만들어보면 다음과 같이 된다.

$$Output \propto Effort$$

Output: 결과의 크기, Effort: 노력의 양

이 공식에 따르면 밥도 안 먹고 잠도 안 자고 일할수록 더 많은 돈을 벌게 된다. 그래서 신문과 TV에는 기구하게 '과로사'한 많은 사람들의 얘기가 종종 나온다. 또 우리는 죽지는 않아도 돈 버느라고 말 그대로 '뼈 빠지게' 고생만 하다가 골병든 사람들도 주변에서 흔히 본다. 다 먹고 살자고 하는 짓이 이렇게 목숨 깎아먹는 짓이 되어야만 하는가?!

게다가 가장 중요한 것은 이것은 전혀 진실이 아니라는 것이다. 나는 한국에서 제일 부지런한 사람들을 꼽으라고 한다면 생각나는 사람들이 가락동 청과시장의 상인들이다. 자정을 갓 넘긴 새벽에 일어나서 자정까지 일하는 사람들이니까. 이밖에도 그들만큼 부지런한 사람들도 많을 것이다. 그렇다고 그들이 한국에서 제일 부자는 아니지 않은가!

스티브 잡스나 빌 게이츠가 그들보다 더 열심히 일해서 돈을 많이 벌었겠는가? 그들은 한 마디로 기업가 정신을 가진 사람들이었다. 곧 노력에 기업가 정신이 결부되었을 때 돈이 되는 것이지 단순한 노력만으로 돈이 되는 것은 아니다. 곧 결과의 크기는 노력의 양에 비례하는 것이 아니라 어떤 마음으로 노력하느냐에 달려 있다. 이것을 다음과 같이 표현할 수 있다.

$$\text{Output} = \text{Effort} \times \text{Mind}$$

Mind: 노력하는 사람의 마음의 크기

그리고 이것을 다시 위에 나온 공식과 합치면 이렇게 된다.

$$\text{Output} = \text{Effort} \times (A\text{-}B)$$

A: 돈을 끌어오는 마음의 크기, B: 돈을 밀어내는 마음의 크기

예를 들어보자.

	한 달 노력의 양	Mind(A−B)	월소득
갑돌이	100	0.5	50만원
을돌이	100	2	200만원
병돌이	100	10	1,000만원
정돌이	100	100	10,000만원(1억원)

서로 다른 네 명이 한 달 동안 똑같이 100의 노력을 한다고 하더라도 여기에 결부된 마음(Mind)에 따라서 각각의 결과는 이렇게 달라질 수 있다. 그리고 우리가 늘일 수 있는 노력의 양은 인간인 이상 한계가 있을 수밖에 없지만 Mind(마음의 크기)는

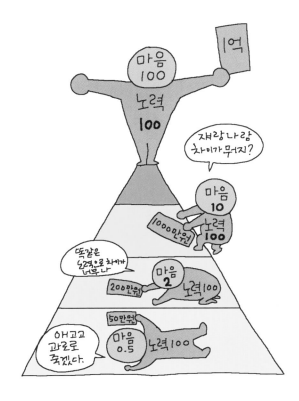

무한정 키울 수가 있기 때문에 바로 그 차이가 이런 다양한 소득의 차이로 나타나는 것이다. 바로 이 원리 때문에 옛날의 나와 나의 부모님은 그렇게 골병이 들도록 노력했지만 겨우 먹고만 살았던 것이다!

"노력이 아니라 마음이 돈을 번다!"

이제 '조건이나 노력이 아니라 마음이 돈을 번다'는 나의 주장에 대부분의 독자들도 수긍할 것이다. 하지만 여전히 마음 한구석에서 찜찜한 의문이 올라올 것이다. "그런데 내 마음은 그런 마음이 안 되는데 도대체 나보고 어떡하라고?" 아주 좋은 질문이다.

바로 이런 마음을 만드는 데에 EFT와 확언이 필요한 것이다. 이제 다음부터는 EFT와 확언을 활용하여 그런 마음을 만드는 법을 함께 배워 보자.

2장

돈을 밀어내는
마음을 고쳐라

우리가 두려워해야 할
오직 한 가지는
'두려움' 그 자체입니다!

돈에 대한 고정관념

무의식의 신념대로 살게 된다

몇 년 전의 일이다. 확언과 EFT에 관한 워크숍을 끝내고 참가자들과 함께 뒤풀이를 2차까지 하게 되었다. 마침 남은 사람들이 40대 전후의 전문직 기혼 여성들이었다. 직업이 다들 의사, 한의사, 치과 의사, 교사, 약사 등이었다. 분위기가 무르익자 그중의 한 명이 말했다. "남편 땜에 너무 힘들어요." 나머지 사람들이 물었다."왜" "아니, 맨날 사업한다면서 내가 벌어오는 돈을 다 갖다 바치는데, 실제 갖고 오는 돈은 없어요. 명색이 사업이지 그냥 백수보다 못 해."

그러자 다들 이구동성으로 외쳤다. "나도 그런데!" 이렇게 공감대가 형성되자 다들 자기 남편에 대해서 한마디씩 하기 시작했다. "우리 남편은 그냥 놀아. 사업도 안 해." "우리 남편은 말 그대로 셔터맨이야. 몇 년째 이래. 내게 꼬박꼬박 용돈 받아 살면서 기도 안 죽고 감사할 줄도 몰라."

그러다 이런 슬픈 공감대의 현장을 보면서 문득 속으로 떠오르는 생각이 있어 물었다. "혹시 '내가 돈 벌어야 돼'라고 생각하지 않으세요?" 그러자 다들 또 이구동성으로 외쳤다. "그야 당연하죠. 나 말고 누가 벌어요?" 내가 말했다. "그러니 남편이 그렇게 만들어 주잖아요!" 그러자 나의 뜻밖의 이 말에 다들 충격을 먹은 듯이 말했다. "네에?!"

그들은 '내가 돈을 벌어야 돼'라는 생각을 늘 하다 보니 그 신념대로 내가 돈을 벌 수밖에 없는 상황을 계속 만들어 간 것이다. 다들 상황을 탓하지만 사실은 신념이 문제라는 것을 몰랐던 것이다.

신념이 얼마나 중요한지 이해할 수 있도록 이와 반대되는 예를 들어보자.

나의 아내는 나와 달리 유복한 중산층 집안에서 돈 걱정 없이 자랐다. 반면에 나는 늘 돈에 쪼들리고 돈 걱정 하는 서민층 부모님 밑에서 자라서 '돈이란 늘 부족하고 모자르다'는 식의 신념이 있었다. 결혼한 지 얼마 되지 않은 어느 날, 우연히 아내가 돈에 대한 자신의 생각을 밝혔다. "돈이란 돌고 도는 거야. 내가 쓸 만큼은 언제나 들어와." 나는 이 말을 듣는 순간 충격을 받았다. "어떻게 돈이 그냥 들어올 수가 있어? 벌어야 들어오지? 그것도 힘들게 노력해서 벌어야 들어오지."

그런데 재미있게도 아내의 인생은 실제로 그랬다. 스스로 돈을 벌어 본 적이 별로 없는 데도 아내는 늘 필요한 만큼의 돈은 쓰면서 살았다. 결혼하기 전에는 장인 어른이 제법 잘 버셔서 늘 용돈이 풍족했고, 나와 결혼해서는 자기가 쓸 만큼은 내가 벌어오니까. '내가 쓸 만큼의 돈은 언제나 들어와'라는 아내의 신념은 이렇게 어김없이 지켜지고 있는 것이다. 반면에 '돈이란 늘 부족하고 모자르다'는 신념을 가졌던 나는 이 신념을 버리기까지 늘 그랬다.

앞서 한때 파산 직전까지 내몰렸던 나의 상황을 떠올려 보자. 그때 나의 아

돈은 돌고 도는 거야. 내가 쓸 만큼은 언제나 들어와.

그게 말이 돼?

내는 어떤 생각을 했을까? 상황이 나아진 뒤에 그때 어떻게 버텼는지 물었더니 아내가 말했다. "이 상황이 지금은 힘들지만 끝난다면 얼마나 편안해질까를 생각했더니 그냥 괜찮았어." 아내는 이런 최악의 상황에서도 그런 긍정적인 생각을 하고 있었고 그 결과 이 상황을 극복할 수 있었던 것이다.

그리고 다시 물었다. "맞벌이 할 생각은 안 해 봤어?" "내가 '지금 아무 경력도 없이 나서 봤자 얼마나 벌겠어'하는 생각이 들어서 그러느니 차라리 자기를 뒷바라지해서 자기가 빨리 자리 잡는 게 훨씬 낫다고 생각했어!"

여기서도 상황이 아니라 신념이 인생을 결정한다는 것이 명확히 드러난다. 최악의 경제 상황에서도 아내는 자신보다 남편이 돈을 버는 게 낫다는 생각을 했고, 그 결과 상황은 그렇게 풀려간 것이다. 반면에 내가 돈을 벌어야 된다고 생각했던 여성들은 남편들이 처음부터 경제적인 문제를 일으킨 것은 아니니까 처음에는 나쁜 상황이 아니었지만, 결국 시간이 갈수록 자신이 돈을 벌지 않으면 안 되는 상황으로 바뀌어 간 것이다.

신념과 돈의 관계에 대해서 또 한 가지 생각나는 것이 있다. 오래 전에 교사 한 분과 돈에 대해서 EFT를 했다. 그가 말했다. "직업이 교사이다 보니 돈에 대해 부정적인 생각이 많아요. 교사가 돈을 자꾸 생각하면 아무래도 촌지나 받는 비리 교사가 될 것 같아서 돈에 대해 생각하는 것이 싫어요. 그런데 애가 셋이라 월급만으로는 너무 부족하고 돈에 대한 생각은 부정적이고 생활은 쪼들려서 너무 힘드네요."

그래서 이런 생각에 대해서 다음과 같이 EFT를 했다.

– 나는 돈 욕심을 내면 비리 교사가 될까 봐 두렵지만 마음속 깊이 진심으로 나를
　이해하고 받아들입니다.
– 돈을 나쁘게 생각하고, 쪼들리면서 사는 것도 너무 답답하지만 마음속 깊이 진심
　으로 나를 이해하고 받아들입니다.

이런 식으로 돈에 대해 갖고 있는 부정적 생각과 감정을 EFT로 지웠더니 한 달쯤
지나서 그가 놀라운 소식을 말했다. "갑자기 500만 원짜리 인터넷 방송 강좌 제의
가 들어왔어요." 이렇게 그는 EFT로 '돈을 욕심내면 나쁜 교사가 된다'는 생각을 지
워버리자마자 500만 원이 들어온 것이다. 이렇게 신념의 힘은 크다.

그런데 여기서 끝이 아니다. 그는 방송 강좌를 녹화하느라고 한 달 넘게 매일
새벽 2~3시가 되어서야 귀가하니 너무 힘들었다고 했다. 그의 이런 말을 듣다 보
니 문득 떠오르는 게 있어 또 물었다. "혹시 돈 버는 것은 힘들다는 생각을 하지 않
아요?" "그야 당연하죠. 돈 버는 것이 힘들죠. 어떻게 쉬워요?" "그러니 힘들게 벌
고 있잖아요?" 나의 이 일격에 그는 반은 깨달은 듯 아직 반은 미심쩍은 듯 묘한 표
정으로 비명처럼 한마디를 내질렀다.

"네에?!"

결국 그는 '돈은 나쁘다'는 식의 신념은 바뀌었지만 아직 '돈은 힘들게 벌어야 한다'
는 신념이 남아서 돈을 벌기는 하지만 힘들게 벌고 있었던 것이다. 이런 나의 말에
혹자는 이렇게 반문할지도 모른다. '그럼 돈 버는 게 어렵지 쉬워요? 세상에 실제로

쉽게 돈 버는 사람이 누가 있어요?' 물론 나도 옛날에 늘 그렇게 생각했고, 그 마음을 충분히 이해한다. 그럼 이렇게 한번 생각해 보자. 남보다 돈을 천 배 많이 버는 사람은 천 배 힘들게 벌겠는가?

　　구체적으로 빌 게이츠는 남보다 돈을 수십만 배 이상 힘들게 벌었겠는가? 그렇다. 버는 돈은 고생의 강도에 비례하는 것이 아니라 긍정적 신념, 창의성, 도전 같은 정신의 크기에 비례한다. 이것들은 또한 내가 앞에서 말한 '돈을 끌어들이는 마음'이 아닌가! 돈을 버는 것은 쉽지도 어렵지도 않다. 쉽다고 생각하면 쉽게 벌고, 어렵다고 생각하면 어렵게 버는 것이다. 그 이상도 그 이하도 아니다. 그러니 이제부터 자꾸 이렇게 확언하라. 그러면 삶이 자꾸 그렇게 될 것이다.

"돈을 버는 것은 쉽고 재미있다."

돈에 관한 고정 관념을 버려야 돈을 번다

어느 사회나 돈은 돌고 돈에 대한 일반적인 관념들이 있다.
많은 사람들은 이런 고정 관념을 무심코 따르는 경우가 많
다. 그런데 내가 돈에 관해서 깊이 연구를 해 본 결과 돈에
대한 고정 관념이 도리어 돈을 못 벌게 한다. 실제로
돈을 번 사람들은 돈에 대한 고정 관념을 깬 사람들이
다. 우리가 무심코 받아들인 돈에 대한 상식 또는
사회적 고정 관념들은 나도 모르게 내 무의식의
신념이 되고, 우리는 이 신념대로 살아가게 된다.
이것은 세뇌의 원리와도 상통한다.

예를 들어 설명해 보자. 어느 날 갑돌이가 학교에 갔는데, 친구 을돌이가 '청와대에
호랑이가 나타났다'고 말한다. 그러자 갑돌이는 생각한다. '에이, 거짓말. 우리나라
에 호랑이가 어디 있어?' 그러다 또 병순이가 와서 말한다. '청와대에 호랑이가 나
타났는데.' 갑돌이가 말한다. "그거 진짜야?" 다시 조금 있다 정돌이가 와서 말한다.
"청와대에 호랑이가 나왔어!" 그러자 이제 갑돌이는 생각한다. '호랑이가 진짜 청와
대에 나타났구나!' 그리고 그 다음날 갑돌이는 친구 무순이를 만나서 말한다. "청와
대에 호랑이가 나타났어!"

이렇게 우리는 무엇이든 반복해서 듣다 보면 그저 사실로 믿게 되고 이 믿음에
따라 행동하게 된다. 그렇게 믿는 이유는 그것이 사실이기 때문이 아니라 늘 그렇
게 듣기 때문이다. 그래서 아이들은 산타클로스의 존재를 의심하지 않고, 동생을
다리 밑에서 주워 왔다는 것을 의심하지 않는다. 엄마와 아빠가 늘 그렇게 말하기
때문이다. 그러다 나이가 들어 지각이 생기면 이것이 모두 허무맹랑한 것이었음을

깨닫고 여기에서 벗어나게 된다. 그런데 문제는 돈에 관한 온갖 상식들도 사실은 이 정도 수준의 것에 지나지 않는데 다들 그 사실을 모른다는 점이다.

사회적 고정 관념을 반복해서 듣는다 → 나의 신념이 된다 → 이 신념대로 살아가게 된다

다음에 구체적인 예를 들어서 돈에 대한 고정 관념이 내가 돈을 버는 것을 어떻게 방해하는지 표로 정리해 보았다.

돈에 대한 사회적 고정 관념	내 무의식의 신념	내 행동 또는 내 인생
땅 파 봐라. 돈 한 푼 나오나.	돈은 절대로 쉽게 그냥 들어오지 않는다.	뼈 빠지게 힘들게 겨우 돈을 벌게 된다.
돈이 나무에서 저절로 자라냐.	돈은 절대로 저절로 생기지 않는다.	남들은 유산도 받고, 묵혀 둔 땅이 돈이 되기도 하던데, 나는 늘 겨우겨우 벌어 먹고 산다.
세상에 공짜는 없다.	돈은 공짜로 들어오지 않는다.	늘 내 힘으로 벌지 않으면 돈이 안 들어온다.
쉽게 벌면 쉽게 나간다.	어렵게 벌어야 돈이 안 나간다.	늘 어렵고 힘들게 돈을 버느라고 삶이 고달프다.
돈은 만악의 근원이다.	돈은 추한 것이니까 피하는 것이 좋다.	돈을 피하니까 돈이 없어서 오히려 늘 돈 걱정만 한다.

만약 이런 고정 관념들이 다음과 같이 바뀐다면 내 신념과 인생은 어떻게 바뀔까?

새로운 사회적 관념	내 무의식의 신념	내 행동 또는 내 인생
땅 파 봐. 금이 나올지 몰라.	어디에서나 돈 벌 기회는 있어.	어디에서나 돈 벌 기회가 보이고, 돈 버는 시도를 하고, 그러다 보면 돈이 들어온다.
(과일나무를 심으면) 돈이 나무에서 자랄 수도 있어.	돈은 쉽게 저절로 벌 수도 있어.	돈 버는 것이 힘들 때도 있지만 종종 대박이 나기도 한다. 대체로 돈 버는 것이 쉽고 재미있고 편안하다.
세상에는 공짜도 많아.	때때로 돈은 거저 생길 수도 있어.	나는 늘 뜻밖의 행운이 터져서 돈이 잘 들어오는 편이야.
버는 것보다 쓰는 게 중요해.	쉽게 벌어 잘 쓰자.	나는 돈을 편하게 벌어서 좋은 일에도 잘 써.
돈은 선하지도 악하지도 않아. 벌기 나름이고 쓰기 나름이야.	좋은 일로 돈을 벌어서 좋은 일에 돈을 쓰자.	나는 세상에 도움이 되는 일로 돈을 벌고, 또 세상에 도움이 되는 것에 돈을 많이 써서 뿌듯해.

이런 상식이 지배하는 사회가 있다면 정말로 아름답지 않을까? 다들 돈을 쉽게 편하게 재미있게 벌고, 그 돈은 좋은 곳에 필요한 만큼 쓰이는 사회! 정말 멋지지 않은가?

가장 많은 사람들이 가진 돈의 고정 관념이 하나 더 있다. '월급쟁이가 월급 말고 어디서 돈이 생기나?' 나도 이런 종류의 고정 관념이 있었다. '한의사가 한의원 말고 뭘로 돈을 버나?' 반면에 다들 '돈이 언제 어디로 새는지도 몰라'라는 말을 많이 하는데, 돈은 새는 구멍만 있고 들어오는 구멍은 없단 말인가. 그래서 이런 고정 관념을 버리자, 책도 쓰고 강의도 하게 되고, 심지어는 재테크도 하게 되었고, 그 모든 것이 그럭저럭 돈이 되어 들어오기 시작했다. 그래서 요즘은 나는 도리어 이렇게 확언한다.

"언제 어디서나 돈이 들어올 구멍은 많다."

자 그럼 이제 그런 사회를 만들기 위해서 EFT를 해 보자. 많은 사람들을 상담하면서 상당수의 사람들이 자신의 고민을 말로 표현하는 것을 어려워한다는 것을 알게 되었다. 그래서 이 책에는 그런 수고를 대신해주기 위해서 많은 사람들이 공유하는 문제들을 바로 EFT로 풀수 있도록 다음과 같이 미리 말로 표현해 놓았다. 반드시 시키는 대로 따라하다 보면 행복과 돈을 함께 얻을 수 있을 것이다.

● **수용확언**

손날점을 두드리면서 다음 문장(수용확언)을 읊어보자. 주변이 의식된다면 속으로 읊어도 된다.

– 나는 돈에 관한 온갖 부정적 관념 때문에 힘들게 어렵게 겨우 먹고 살 정도로 돈을 버느라 힘들었지만 마음속 깊이 진심으로 나를 이해하고 받아들입니다.

– 나는 이런 돈에 관한 상식들이 진실이고 절대 바꿀 수 없는 진리라고 생각하면서 답답하고 힘들고 탈출구를 찾지 못했지만 마음속 깊이 진심으로 나를 이해하고 믿고 받아들이고 사랑합니다.

– 나는 이제 다 커서 산타클로스는 안 믿으면서도 그것과 비슷한 정도의 진실성밖에 없는 이런 의미 없는 상식들을 아직도 붙잡고 있지만 마음속 깊이 진심으로 나를 이해하고 믿고 받아들이고 사랑합니다.

●연상어구

연속 두드리기 타점을 대략 5번씩 두드리면서 다음 구절을 읊어보자. 주변이 의식된다면 속으로 읊어도 된다.

[1회전]

– '땅 파 봐라. 돈 한 푼 나오나.'하는 말을 자꾸 들으니 돈은 늘 부족하고 쉽게 생기지 않는다는 생각을 하며 언제나 돈에 쪼들리면서 살았다. 돈을 쉽게 편하게 벌 수 있다는 생각조차 못해 봤다.

– '돈이 나무에서 저절로 자라나'라는 말을 자꾸 듣다 보니 돈은 내가 어렵게 힘들게 벌어야만 들어온다는 생각을 하며 쉬지도 못하고 일했다.

– '세상에 공짜는 없다'는 말을 자주 듣고 믿다 보니 공짜 바라면 나쁜 사람 같았고, 공짜를 얻을 기회가 있어도 쳐다보지도 않고, 늘 내 능력대로만 살았다. 그런데 이제 지치고, 힘들고, 쉬고 싶다. 언제까지 늘 쉬지 못하고 살아야하나.

– '쉽게 벌면 쉽게 나간다'는 말을 자주 듣다보니 쉽게 나갈까 봐 쉽게 벌 수 있는 방법이 있어도 활용도 못하고 어렵게만 번다. 젊고 힘 좋을 때에는 그나마 견딜 만 했는데, 이제는 지친다. 언제까지 이렇게 힘들게 벌어야 하나. 이제 돈 버는 것이 정말 힘들다.

– '돈은 모든 악의 근원이다'라는 생각을 하다 보니 늘 돈을 피하고 돈 생각을 안 하려고 했다. 그런데 이렇게 살다 보니 돈 쓸 데는 줄지 않는데 들어오는 돈은 갈수록 줄어서, 도리어 돈 걱정만 더 하게 된다. 돈 생각 안 하려다 도리어 돈 걱정만 해. 돈 생각 안 하는 방법은 그냥 적당히 버는 거야.

- 땅을 파서 금을 캘 수도 있고 땅을 파서 집을 지을 수도 있다. 땅을 파서 돈 들어오는 방법은 사실 너무 많다. 땅을 파든 하늘을 날든 무엇이든 돈이 될 수 있다. 그러니 어디에서든 돈을 벌 기회를 찾자.

- 과일나무를 심으면 돈이 나무에서 저절로 열린다. 또 약이 되는 식물을 심으면 돈이 나무에서 저절로 자란다. 사실 이렇게 돈은 저절로 자라고 열릴 수도 있다. 그러니 저절로 돈이 자라고 열릴 방법을 찾자.

- 애초에 인간은 무에서 태어났으니 삶 자체가 공짜가 아닌가. 게다가 물과 공기

도 바람도 햇볕도 모두 공짜가 아닌가. 사실 지구에 사는 대부분의 생명은 공짜로 태어나서 공짜로 먹고 살다가 가지 않는가. 사실 알고 보면 세상에는 공짜 돈도 많다. 장학금도 기부금도 유산도 뜻밖의 행운도 다 공짜가 아닌가! 그러니 공짜만 바라면 나쁘겠지만 공짜도 많다는 희망과 기대감을 갖고 살자.

    - 그 동안 어렵게 버느라 충분히 힘들었어. 이제는 쉽게 벌어도 돼. 쉽게 벌고 잘 쓰면 되지. 이 정도 힘들게 벌었으면 이제는 쉽게 쓰고 살아도 돼. 이제는 쉽게 벌고 현명하게 잘 쓰자.

- 돈은 선도 악도 아니야. 같은 풀을 소가 먹으면 우유를 만들고 뱀이 먹으면 독을 만들어. 마찬가지로 돈은 풀과 같아. 선도 악도 아니야. 테레사 수녀는 돈으로 수많은 사람을 살렸고, 악덕 기업은 돈으로 세상을 오염시켜. 돈은 잘 벌고 잘 쓰면 오히려 선이고 사랑이야.

● **실습**

이외에도 우리의 마음에는 수많은 돈에 관한 고정 관념이 있다. 내가 가진 돈에 관한 고정 관념을 아래에 적어보자.

_____

_____

_____

_____

_____

_____

이제 이것을 EFT로 지워보자.

받는 게 어려워요

주는 것보다 받는 게 힘든 '테레사 수녀 증후군'

'공짜라면 양잿물도 마신다'는 속담이 있듯, 모든 사람이 받는 것을 좋아할 것 같지만 실제로 상담해 보면 아닌 경우가 많다. 받는 것이 너무 어렵다고 하는 사람들이 많다. 이런 나의 말에 많은 독자들은 이렇게 반문할지도 모른다. '에이 주는 게 어렵지. 받는 게 뭐가 어려워. 다들 못 받아서 안달이지.' 그렇다면 다음 사례를 보자.

어느 날 70대 여자 분이 심각한 우울증으로 오셨다. 그분의 말에 따르면 영감님이 평생 사업을 잘 해서 재산이 제법 있어서 모든 재산을 친지들과 친척들에게 아낌없이 베풀었다. 그런데 이제 와서 고맙다고 알아주는 사람도 없고 돈 떨어지니 다들 입 싹 씻고 나 몰라라 한다고 했다. 그러다 보니 너무 서운하고 외로워서 우울증까지 생긴 것 같았다.

"그 많은 돈을 모두 남에게만 썼지 우리 가족한테는 안 썼어요. 조카들 학비도 다 대주었고 학용품도 최고로 챙겨 주면서도 정작 우리 애들에게는 시장에서 싼 것 사서 먹이고 입혔어요. 우리 애들이 그게 얼마나 서운했던지, '엄마 우리도 똑같은 거 사 줘'라고 말하기도 했어요. 그런데도 우리 애들한테는 안 사줬어요. 이러면서

까지 베풀었는데 고맙다는 말 한마디 하는 조카가 없어요. 참 서운해요."

　이런 말을 듣고 내가 물었다. "아무리 베푸는 게 좋아도 내 자식도 좀 챙기시죠?" "그게 참 잘 안 돼요. 어렸을 때부터 어머니에게 '손해 보더라도 늘 베풀고 살아라'는 말을 귀에 못이 박히도록 듣다 보니 평생 그렇게 살았어요. 내 것 챙기면 너무 못된 것 같고 늘 베풀어야 사람 노릇하는 것 같고. 그런데 이제껏 베풀었는데도 인정 못 받고, 자식들은 '그렇게 살아서 남은 게 뭐가 있냐'고 도리어 원망만 해요."

　상담을 하다 보면 이렇게 베풀기만 하고 받을 줄 모르는 사람을 많이 본다. 나는 이런 사람을 '테레사 수녀 증후군' 환자라고 부르는데, 대체로 신앙심이 깊거나 도덕 관념이 깊은 사람들이 이런 모습을 잘 보인다. 그래서 대체로 종교인이나 종갓집 종손 중에 이런 사람들이 많다. 이런 사람들의 무의식에는 '베푸는 것은 선하고 받는 것은 이기적이다'라는 식의 관념이 자리잡고 있다.

공짜는 나빠요

'테레사 수녀 증후군'말고도 받는 것을 힘들어 하는 사람이 많다. 자존심이 센 사람은 대체로 받는 것 자체를 부담으로 느낀다. 받으면 답례해야 될 것 같고 받으면 의존하게 될 것 같아서 받는 것을 싫어한다. 사실 내가 여기에 속한다. 나는 평생 편하게 받아본 것이라고는 장학금밖에 없다. 대학 다닐 때에는 친구들과 어울려서 돈 쓸 일이 제법 있다. 쓸 돈은 부족한데 얻어먹는 것도 싫으니까 술도 안 마시고 친구도 안 만났던 기억이 많다.

　그런데 문제는 세상을 이렇게 사니까 재미가 너무 없다는 것이다. 정직하게 내가 번 돈 아니면 돈이 들어올 데가 없는 것이다. 남들은 유산도 받고 처가 도움도 받고 뜻밖의 행운도 잘 터지는데, 이런 사람은 오로지 자기 몸으로 고생해서 번 돈밖에 안 들어오게 된다. 정직한 것은 좋지만 너무 우직해서 집 안에 굴러 들어온 호

박을 차버릴 필요는 없지 않겠는가? 그래서 나는 이렇게 너무 정직한 사람에게는 이런 확언을 만들어 준다.

"나는 공짜도 좋아하고, 공짜도 잘 생긴다."

몇 년 전에 내가 너무 힘들게 돈을 버는 것 같아서 돈에 관한 EFT를 하다 보니, 내 안에 '공짜는 나쁘고 쉽게 버는 것도 나쁘다'는 신념이 무의식 속에 있음을 알게 되었다. 그래서 이런 신념들을 EFT로 지우고 앞의 확언을 수시로 해 보았다. 그러자 2~3주 안에 아주 재미있는 일들이 생겼다. 판매가 부진해 돈이 되지 않던 나의 번역서 하나가 갑자기 품절될 정도로 판매가 급증하여 100만 원의 인세가 들어오는 게 아닌가.

또 식당에서 비싼 스테이크를 주문했는데 착오가 생겨 늦게 나왔다. 그 바람에 사과의 뜻이라며 스테이크를 공짜로 주는 것이 아닌가. 며칠 후에는 길에서 지폐 몇 장을 주웠다.

이런 일로 한 번에 갑부가 되지는 않더라도 이런 일이 평생 누적된다면 정말 막대한 결과가 되지 않을까?

자 이제 받으려고 할 때에 어떤 불편한 생각과 감정이 드는지 한번 적어보라. 독자
들의 편의를 위해 아래에 몇 개의 흔한 생각과 감정을 적어보았다.

– 받으면 의존하게 될까 봐 받기 싫다.
– 받으면 폐 끼치게 될까 봐 받기 싫다.
– 평생 주고만 살아서 받는 게 불편하다.
– 누구에게 받으면 내가 낮아지는 것 같아서 자존심 상한다.

● 수용확언

손날점을 두드리면서 다음 문장(수용확언)을 읊어보자. 주변이 의식
된다면 속으로 읊어도 된다.

– 나는 받으면 의존하게 되고 폐 끼치게 될까 봐 준다고 해도 못 받지만 마음속 깊
  이 진심으로 나를 이해하고 받아들입니다.
– 나는 평생 주고만 살아서 받는 게 어색하고 받으면 내가 낮아지는 것 같아서 자
  존심 상하지만 마음속 깊이 진심으로 나를 이해하고 받아들입니다.
– 내가 마르지 않는 샘도 아니고 늘 주기만 하니까 사는 게 늘 버겁고 힘들지만 마
  음속 깊이 진심으로 나를 이해하고 믿고 받아들이고 사랑합니다.

연속 두드리기 타점을 대략 5번씩 두드리면서 다음 구절을 읊어보자. 주변이 의식된다면 속으로 읊어도 된다.

– 받으면 의존할 것 같다. 받으면 폐 끼치는 것 같다. 받으면 내가 자존심 상한다. 베푸는 게 좋은 것 같고 받으면 안 될 것 같다. 안 받아봐서 받는 게 어색하다. 어떻게 받아야 할지도 모르겠다. 받으면 당황스럽다. 받으면 죄송하다.

– 너무나 오랫동안 받는 게 어려웠다. 늘 받는 것을 꺼리니 이제는 내게 줄 생각도 하지 않는다. 너무 오래 거절해서 이제는 받을 기회도 없다. 다들 잘만 받는데 나만 못 받는 것 같다. 내가 마르지 않는 샘도 아닌데 이렇게 주기만 하다가 말라버릴 것 같다. 받지 못하니 사는 게 늘 너무 빠듯하다.

– 그런데 따지고 보면 내 목숨 자체가 이 우주로부터 받은 것 아닌가. 어차피 빌려받아서 시작된 목숨이면서 왜 그렇게 받는 것을 어려워할까. 모든 생명이 결국은 태양에게서 에너지를 받고 땅에게서 몸을 빌려 비롯된 것이 아닌가. 그러니 그냥 편하게 잘 받고 잘 쓰고 잘 돌려주자. 순환이 자연의 원리이고, 준 만큼 받아야 순환이 될 것이 아닌가. 그러니 이제 나는 잘 받고 잘 쓰고 잘 베풀고 잘 준다. 잘 받고 잘 주니 세상의 돈이 나를 통해 잘 순환한다.

달라는 말을 못해요

"하느님도 기도해야 들어준다."

어느 날 상담 받는 분이 말했다. "저는 요구를 못해서 답답해요. 이번에 연봉 협상할 때에도 저쪽이 주려고 하는 액수를 아는데도, 차마 그 액수를 말을 못해서 1000만 원 정도 적게 받았어요. 돈이 중요한 게 아니라고 자위하면서도 한편으로는 서운해 해요." 이런 사람이 적지 않다.

심지어는 뻔한 자기 돈을 못 받는 경우도 많다. 60대 여성 한 분은 자신도 어려운 처지인데, 친구가 너무 힘들어서 잠시만 급전을 빌려달라고 해서 빌려주었다. 약속한 한 달이 두 달, 세 달이 되어도 돈을 주지 않아서 알아봤더니 친구는 해외여행을 다닐 정도로 형편이 좋았다. 그런데도 차마 돈 달라는 소리를 꺼내지 못했다. "그깟 몇 푼 안 되는 돈 가지고 그런다고 무시할까 봐 자존심 상해서 쪼들리면서도 말을 못 했어요."

요구를 못 하는 사람들이 흔히 하는 착각이 있다. '말 안 해도 알아서 해 주겠지!' 그런데 사실 이런 소망이 이루어진 적은 별로 없다. 그래서 늘 서운하고 답답해하면서도 여전히 요구를 못해 오늘도 또 속이 터진다. 나는 이런 사람들에게 종종 이런 말을 한다. "하느님도 기도를 해야 들어줍니다. 전지전능한 하느님도 기도하지 않으면 알아서 해 주지 않습니다. 그러니 이제는 직접 요구하세요."

요구를 못하는 사람에게 그 이유를 물어보면 대체로 다음과 같은 말을 많이 한다. 그러니 이제 이런 느낌을 EFT로 지워서 거절도 잘 하고 돈도 잘 벌어보자.

– 달라고 하는 게 비굴해지는 것 같아서 자존심 상한다.

– 요구하면 저 쪽에서 싫어할까봐 불편하다.

– 평생 요구해 본적이 없어서 어떻게 요구해야 되는 지도 모르겠다.

– 요구하면 관계가 어색해질까봐 참는다.

● **수용확언**

손날점을 두드리면서 다음 문장(수용확언)을 읊어보자. 주변이 의식

된다면 속으로 읊어도 된다.

– 달라고 하는 게 비굴해 보여서 자존심 상해서 말도 못 꺼내고 속만 끓이지만 마음속 깊이 진심으로 나를 이해하고 믿고 받아들이고 사랑합니다.

– 요구하면 저쪽이 싫어할까 봐 불편해서 말을 못하지만 마음속 깊이 진심으로 나를 이해하고 믿고 받아들이고 사랑합니다.

– 평생 요구해 본 적도 없고 어떻게 요구해야 될지도 모르겠고 요구하면 관계가 어색해질까 봐 두렵지만 마음속 깊이 진심으로 나를 이해하고 믿고 받아들이고 사랑합니다.

●연상어구

연속 두드리기 타점을 대략 5번씩 두드리면서 다음 구절을 읊어보자. 주변이 의식된다면 속으로 읊어도 된다.

– 달라고 하면 비굴해지는 것 같다. 자존심도 상한다. 저쪽이 싫어할 것 같다. 평생 요구해 본 적도 없다. 어떻게 요구해야 할지도 모르겠다. 괜히 요구했다가 관계가 어색해질까 봐 두렵다. 그래서 말도 못 꺼내고 속만 끓이고 있다.

– 너무나 오래 이렇게 살아왔다. 하지만 이젠 더 이상 못 버티겠다. 알아서 해 주기를 바라도 알아서 해 주는 사람도 없었다. 내 맘 알 사람 나밖에 더 있나. 내 맘 말해 줄 사람 나밖에 또 누가 있나. 전지전능한 하느님도 기도해야 들어주는데 인간이 하물며 어떻게 알아서 해 주랴.

– 그러니 이제 그냥 말하자. 그냥 편하게 말하자. 그냥 용기 있게 말하자. 관계가 어색할 것 같으면 분위기 좋게 잘 말하자. 씩씩하게 요구해서 나도 잘 받아보자. 내 것 챙겨줄 사람 나말고 누가 있나. 그러니 내 것 내가 스스로 잘 챙겨주자.

거절을 못해요

우리 속담에 '밑 빠진 독'이라는 말이 있다. 돈에 관한 한 이렇게 밑 빠진 독이 되는 사람들이 종종 있다. 먼저 그런 사람의 사례를 한번 보자.

30대 중반의 종순 씨는 흔히 말하는 개룡남(개천에서 나서 용이 된 남자)이었다. 알콜 중독인 아버지가 돈을 벌지 않아 집은 늘 가난에 시달렸고, 게다가 수시로 가정 폭력을 행사해서 수능 전날에는 시험을 망치지 않으려고 친구 집에서 자야 했다. 다행히 성실하고 공부는 잘 해서 6년 장학금을 받고 의대에 진학했다.

그러나 고생은 끝이 나지 않았다. 의대에 다닐 때에는 과외한 돈으로 이혼한 엄마에게 급전을 대기 일쑤였고, 심지어는 마이너스 통장까지 만들어 엄마의 사업 자금까지 대야 했다. 그러다 다행히 좋은 여자를 만나 결혼을 했는데 고생은 여기서 끝이 아니었다. 결혼 직후에 장인이 사기를 당해서 전 재산을 다 날리고 쪽박만 찬 채로 집에 들어앉아 사위가 받아오는 월급을 모조리 없애버리는 것이 아닌가!

종순 씨는 자신과 아내, 아이들에게는 돈 한 푼도 못 쓰는데, 정작 장인은 그 돈으로 매일 술까지 마시면서 지내는 실정이었다. 그는 우울증에 빠져서 이런 말을 하기도 했다. "내가 너무 병신 같아요. 다들 나를 힘들게 해요. 여기서 막으면 저기서 터지고, 저기서 막으면 여기서 터지고, 희망이 없어요." 그러다 실제로 자살 시도를 하기도 했다.

이런 사람을 나는 '착한 사람 증후군' 환자라고 부르는데, 부탁을 받으면 거절을 못하는 사람들이다. 거절을 못하고 자꾸 들어주다 보니, 온갖 거머리들에게 다 뜯겨서 아무리 벌어도 결국은 '밑 빠진 독'이 되는 것이다. 이런 사람들은 많이 버는 것이 문제가 아니라 새 나가는 돈이 문제다. 독자들도 주변에서 '보증 잘못 서서 망했다'는 말을 흔히 들었을 것이다. 이것도 바로 거절 못 해서 일어나는 일이다. 그래서 나는 종종 이렇게 말한다.

"거절만 잘 해도 돈 왕창 번다."

거절과 관련해서 생각나는 또 사례가 있다.

어느 날 70대 영감님께서 고혈압과 머리가 깨질 듯한 두통으로 나를 찾아왔다. 원인을 찾아보니 화병이었다. 무슨 일로 그렇게 화가 쌓였냐고 물었더니, 정말 기가 막힌 얘기를 했다. 무려 30여 년 전에 300억의 돈을 빌려주고 떼여서 완전히 빈털터리가 되면서 이렇게 되었다는 것이 아닌가! 30여 년 전의 300억이면 현재 가치로 따진다면 몇 조는 충분히 넘는 돈이 아닐까?

직접 본인에게 들으면서도 이해가 안 돼 다시 물었다. "아무리 그래도 그렇지, 어찌 300억을 한 번에 빌려주실 수가 있어요?" 그러자 그분이 집안 내력을 얘기하셨다. 태어날 때부터 만석꾼 집안의 갑부였다. "날 때부터 돈이 많아서 누가 달라고 하면 다 줬어요. 달라는데 그깟 돈 못 주면 자존심도 상하고 아는 친척이라 거절도

못 했죠." 결국 이 분은 무려 30여 년 전에 300억이란 돈을 거절을 못해서 다 날리고는 한 번에 집안이 풍비박산 났다고 했다.

자 그럼 이제 거절을 못하는 마음에 대해서 EFT를 해보자. 먼저 아는 사람이 무엇인가를 해달라고 할 때 어떤 생각과 감정이 드는가? 이 질문에 흔히 나오는 대답을 적어보면 다음과 같다.

– 거절하면 나를 싫어할 것 같다.

– 거절해서 관계가 어색해지는 게 불편하고 두렵다.

– 한 번도 거절해 본 적이 없어서 거절이 어색하고 불편하다.

– 부탁을 못 들어주면 자존심 상한다.

– 거절당한 사람이 너무 불쌍해질까 봐 거절을 못 하겠다.

– 거절하면 나를 쩨쩨하다고 비난할 것 같다.

● 수용확언

손날점을 두드리면서 다음 문장(수용확언)을 읊어보자. 주변이 의식된다면 속으로 읊어도 된다.

– 나는 거절하면 그 사람이 나를 싫어하고 미워하고 관계가 어색해질까 봐 두렵지만 마음속 깊이 진심으로 나를 이해하고 믿고 받아들이고 사랑합니다.

– 나는 부탁을 못 들어주면 자존심도 상하고, 거절해 본 적이 없어 거절하는 게 너무 어색하고 불편하지만 마음속 깊이 진심으로 나를 이해하고 받아들입니다.

– 거절하면 쩨쩨하다고 나를 비난할까 봐 두렵고, 거절당한 사람이 너무 불쌍해서

거절하지 못하지만 마음속 깊이 진심으로 나를 이해하고 받아들입니다.

● 연상어구

연속 두드리기 타점을 대략 5번씩 두드리면서 다음 구절을 읊어보
자. 주변이 의식된다면 속으로 읊어도 된다.

- 거절해서 그 사람이 나를 싫어하면 어떡하나. 관계가 나빠지면 어떡하나. 부탁
  하는데 못 들어 주면 자존심도 상한다. 평생 거절해 본 적이 없어 거절할 줄도 모
  른다. 거절하면 나를 쩨쩨하게 보지 않을까. 얼마나 힘들면 내게 저런 부탁을 할
  까. 그런데도 거절하면 저 사람이 너무 불쌍할 것 같다.
- 이렇게 거절을 못하니 사는 게 늘 힘들다. 돈도 에너지도 늘 남들을 위해 새나간
  다. 내 돈이 내 돈이 아니다. 내 지갑과 통장이 마치 밑 빠진 독같다. 내가 아무

리 채운들 뭐하나. 밑이 빠져서 다 새나가는데. 버는 게 문제가 아니라 새는 게
문제다.

— 이제 밑 빠진 독에 물 붓는 짓은 그만하자. 새는 구멍부터 막자. 내 힘과 돈을 나
와 내 가족을 위해 써 보자. 못 본 척하기도 하고 모른 척하기도 하자. 좀 더 무심
해지자. 좀 더 냉정해지자. 다들 제 스스로 살게 내버려두고 나부터 잘 살자.

나는 부자가 될 자격이 없어요

자격지심 또는 열등감

나의 어머니가 처녀였을 때의 일이다. 한 동네에서 교사인 남자가 지나가다가 어머니를 보고서는 마음에 들어서, 어머니 쪽에 한 번 만나게 해 달라는 부탁을 넣었다. 어머니는 이 말을 듣고 '나는 초등학교밖에 못 나왔는데 정말 나를 좋아할까?'하는 의심이 들어서 바로 거절해 버렸다. 그런데 아들이 아닌 객관적인 남자 입장에서 보아도 어머니는 당시에 외모도 괜찮았고 아내와 엄마로서도 최상급의 자질이 있는 분이다.

하지만 1960년대에 변변한 직업이라고는 공무원과 교사밖에 없었으니 교사라는 것 자체가 엄청 높아 보였고, 게다가 어머니는 여자라는 이유로 학교도 제대로 못 다녀서 일종의 자격지심이 커서 너무 높아 보이는 남자를 받아들일 수 없었던 것이다. 그러다 중졸 학력의 아버지와 선을 보고 결혼했다. 아버지가 부지런하기는 하지만 그다지 경제력이 없어서 평생 엄청난 고생을 했다.

나는 종종 이 일을 떠올리면서 생각해 본다. '그때 만약 엄마가 당연히 나는 그런 사람을 만날 자격이 있지'라고 생각했더라면 어떻게 되었을까? 물론 나는 태어나지 못 했겠지만 어머니는 좀 더 평탄한 생활을 하지 않았을까?

이와 반대로 공주 기질이 있는 여자들이 결혼을 잘 하는 경향이 있다. 이런 기질이 있는 여자들은 무의식에 이런 생각들이 가득하다. '나는 좋은 것을 가질 자격이 있어. 나는 좋은 남자를 만날 자격이 있어.' 이런 공주과의 여자들은 실제로 좋은 남자를 만나는 경우가 많다. 종종 이런 생각을 해 본 적이 있을 것이다. '어떻게 저 여자가 저런 좋은 남자를 만났지. 잘난 척하는 것 빼고는 잘난 것 하나 없는데.'

반대로 외모도 괜찮고 성격도 좋고 다 좋은데, 좋은 남자를 못 만나는 여자도 많다. 나는 이런 여자를 종종 '착한 하녀 증후군' 환자라고 부르는데 자기가 자신의 가치를 너무 모르는 것이다. 그러다 보니 좋은 남자를 봐도 '저런 사람은 나 같은 사람을 좋아하지 않아'라고 생각하고, 좋은 남자가 마음에 든다고 막 접근을 해도 '저런 사람이 정말 나를 좋아하겠어?'라고 생각하면서 거부한다. 그러다가 결국은 나이가 차서 곁에 보이는 만만한 별 볼 일 없는 남자 만나서 실컷 고생하면서 살게 된다.

죄책감

몇 년 전 EFT 레벨 2 워크숍을 할 때의 일이다. 어느 50대 여성이 일어나서 말했다.

여성: 3년 전에 친구가 경제적 어려움에 빠져서 저에게 도움을 요청했는데, 제가 도와주지 않았어요. 아주 가까운 친구이고 그때 충분히 여력이 있었는데도, 왠지 모르게 도와주고 싶지 않았어요. 결국 그 친구가 하던 사업은 망했어요. 그 일 때문에 아직도 너무 괴로워요.

나: 그때 그 일로 여전히 괴롭군요. 그런 일로 누구나 죄책감은 당연히 느끼죠. 그런데 나의 죄책감으로 득을 보는 사람은 누군가요? 먼저 그 친구에게 나의 죄책감이 도움이 되나요?

여성: (망설이면서) 아뇨.

나: 그럼 나에게는 도움이 되나요?

여성: 아뇨.

나: 그럼 나에게도 친구에게도 도움이 안 되는 죄책감을 누구를 위해 왜 느껴야 되죠?

여성: 그렇기는 하지만 당연한 것 아닌가요?

나: 네, 당연하게 보이죠. 그런데 혹시 선생님의 요즘 경제 사정은 어떤가요?

여성: 솔직히 그때는 괜찮았는데 최근에 저도 하던 사업이 잘 안 돼 많이 힘들어요.

나: 사업이 힘들수록 친구에 대한 죄책감을 더 느끼지 않나요?

여성: 맞아요.

나: 왜 사업이 안 되는 줄 아세요?

여성: 그야 뭐… 요즘 상황도 운도 안 따라주고 제 능력도 예전만 못 하니까요.

나: 그것보다 중요한 게 있어요. 자, 다음 말을 크게 세 번 외쳐 보세요. '나는 잘 되면 안 될 것 같다.' (여성이 따라 외친다) 이제 어떤 느낌이 들어요.

여성: (갑자기 충격을 받은 듯) 어, 이럴 수가! 저도 몰랐는데 이 말을 외치자마자

속에서 '맞아' 하는 소리가 강하게 올라왔어요. 이게 무슨 일이죠. 저는 그렇게 사업을 살리려고 애를 썼는데....

나: 그게 죄책감이에요. 죄책감이란 한마디로 '나는 잘 되면 안 된다. 행복하게 살면 안 된다'는 무의식적 신념이죠.

여성: 그랬군요. 잘 나가던 사업이 친구 일 겪고 나서 갑자기 기울기 시작했어요. 저도 영문을 몰랐는데 이제 전부 이해가 되네요. 그런데 이 죄책감을 어떡하죠?

나: 자 그럼 따라서 두드리세요. (손날점을 두드리면서) '나의 죄책감으로 득보는 사람은 누구일까? 친구일까 나일까? 아무도 없는데 왜 계속 느껴야 될까? 이제 그만 느끼면 안 될까? 죄책감을 느끼는 게 당연하지만 이 정도 고생하고 느꼈으면 충분하지 않을까? 앞으로 얼마나 더 망가질 때까지 느껴야 될까? 어쨌든 무조건 이제는 이런 나도 이해하고 용서하고 사랑하고 받아들입니다.' 지금은 어떤 느낌이 드나요?

여성: 이제는 죄책감을 벗어도 될 것 같다는 느낌이 들어요. 하지만 지은 죄가 있는데 아무 일 없다는 듯이 그냥 벗어도 될까요?

나: 자 그럼 다시 따라서 두드리세요. (손날점을 두드리면서) '죄책감이 드는 게 당연하지만 이것으로 같이 망가지는 게 나을까? 지금이라도 죄책감 벗고 사업 살려서 아직도 힘든 친구에게 지금이라도 도움을 주는 게 나을까? 같이 망가지는 게 나을까? 지금이라도 내가 살아서 친구에게 책임을 다 하는 게 나을까? 어쨌든 이제는 나를 믿고 받아들입니다.'

여성: (같이 두드리다가) 정말 그렇군요! 이제라도 친구에게 책임을 질 수 있군요. 같이 망가질 게 아니라 제가 일어서서 친구에게 도움이 되고 우정도 다시 회복해야겠어요. 선생님 정말 감사합니다.

이상에서 본 대로 늘 실수하는 게 인간인지라 살아온 만큼의 후회나 죄책감이 다들 자기도 모르게 마음속에 쌓여 있게 마련이다. 그런데 이 죄책감은 반드시 우리에게 대가를 요구한다. 모든 죄책감은 크든 작든 결국 다음과 같은 무의식적 신념으로 치환되기 때문이다. '나는 잘 되면 안 돼. 나는 잘 될 자격이 없어. 나는 벌을 받아야 돼. 나는 고생하거나 고통 받아야 돼.'

"나는 _____한데 부자가 될 수 있을까?"
"나는 _____한데 부자가 되어도 될까?"

자 위의 빈칸에 들어갈 말들을 떠오르는 대로 죽 적어 보라.

_____

_____

_____

_____

예를 들면 다음과 같을 것이다.

배운 것도 없는데, 잘난 것도 없는데, 잘한 것도 없는데, 착한 사람도 아닌데, 잘못한 것도 많은데…. 이제 이런 생각들을 EFT로 지우고 확 부자가 되어 보자.

● **수용확언**

손날점을 두드리면서 다음 문장(수용확언)을 읊어보자. 주변이 의식된다면 속으로 읊어도 된다.

– 나는 배운 것도 없고 잘난 것도 없어서 정말 부자가 되어도 될지 의문이 들지만 마음속 깊이 진심으로 나를 이해하고 받아들이고 사랑합니다.
– 나는 잘한 것도 없고, 착하게 살지도 못했는데 나 같은 사람이 부자가 될 자격이

있는지 의심이 들지만 이런 나도 있는 그대로 마음속 깊이 진심으로 이해하고 사랑합니다.

– 나는 살면서 실수도 많고 잘못도 많은데 그래도 부자가 될 수 있는지 궁금하지만 마음속 깊이 진심으로 나를 이해하고 사랑합니다.

● **연상어구**

연속 두드리기 타점을 대략 5번씩 두드리면서 다음 구절을 읊어보자. 주변이 의식된다면 속으로 읊어도 된다.

– 내가 뭐가 잘 나서 부자가 될까. 내가 잘한 게 뭐가 있다고 부자가 될까. 나 같은 사람이 잘 살아도 될까. 배운 것도 없고 잘할 줄 아는 것도 없는데. 내가 잘 살아도 될까. 내가 부자가 되어도 될까. 착하게 살지도 못했고 잘못한 것도 많은데. 막연하게 이런 생각으로 평생 살았다. 그러다 보니 그저 밥만 먹고 살았다. 잘 나가는 형제, 친구들 부러워하기만 했다.

– 그런데 한번 따져보자. 나보다 잘 사는 애들이 다들 나보다 착하고 잘 났던가. 사실 나보다 못나고 못된 애들도 잘만 살던데, 나는 뭐가 부족해서 걔들보다 못 살

고 있나. 재벌 3세들이 나보다 착하고 잘 나서 돈이 많나. 그저 부모 잘 만난 탓이지. 나라고 남들보다 못 살아야 될 이유가 있나. 양심이 찔려서 잘 살면 안 될 것 같지만 내가 못 산다고 세상이 좋아지나. 그냥 못 사는 사람 하나 늘어날 뿐이지.

– 그러니 이제 나도 잘 살아보자. 같이 잘 살아보자. 남들만큼 잘 살아보자. 나도 그 정도 잘 살 자격은 된다. 내가 나에게 부자가 될 자격을 주자. 양심에 찔리면 돈 잘 벌어서 좋은 데 써서 좋은 일해서 갚자. 내가 못 산다고 해결되는 것 없다. 내가 잘 사는 게 해결책이다. 그러니 이제 당당하게 멋지게 부자가 되자.

돈은 악의 근원이에요

어느 날 내가 진행하는 자기 계발 워크숍에 사업가 한 분이 참가했다. 그분과 잠시 대화를 나누게 되었다. 그분이 말했다. "우리나라에서 당장 나만큼 현금 동원할 수 있는 사람은 없을 거예요." 그 말이 사실인지 확인할 수는 없었지만 어쨌든 돈이 많은 사람인 것은 확실했다. 이어서 그가 물었다. "내가 이 많은 돈을 번 가장 큰 비결이 뭔지 알아요?"

이에 갑자기 귀가 솔깃해져서 물었다. "뭔가요?" "나는 돈을 사랑해요!" 그러면서 장지갑을 꺼내는데 그 안에는 만 원짜리(그 당시에는 아직 오만 원 짜리가 없었다) 새 돈이 가득한 것이 아닌가! "나는요 돈을 사랑하기 때문에 돈이 접힐까 봐 반지갑도 안 써요. 항상 이렇게 깨끗한 장지갑에 늘 새 돈을 가득 넣어 다녀요."

이처럼 돈을 버는 가장 확실한 방법은 우선 돈을 사랑하는 것이다. 우리나라에서 인문서 최초로 밀리언셀러가 되고, 1990년대에 전국에 답사 신드롬을 일으킨 그 유명한 『나의 문화유산 답사기』의 서문에는 이런 말이 나온다. "사랑하면 알게 되고, 알면 보이나니."

나는 이 말을 돈과 관련해서 이렇게 말하곤 한다.

"돈을 사랑하면 알게 되고, 알게 되면 돈 버는 방법이 보이나니."

내가 대뜸 돈을 사랑하라고 말하니 당장 마음이 거북해지는 독자들이 있을 것이다.

사실 이 말을 하는 나도 예전에 그랬다. 결혼 전에 나와 처가 식구와 상견례를 하는 자리에서 자수성가한 장인께서 고위 공무원으로 퇴직하셨다는 말을 듣고, 나도 모르게 '공무원은 비리가 많죠'라고 했다가 결혼도 못 할 뻔했었다. 평생 하루 벌어 하루 먹고 산 부모님만 보아 온 나는 돈 많은 사람에 대해 늘 이렇게 생각했었다. '뭔가 비정상적인 방법을 쓰지 않고 어떻게 그 많은 돈을 벌어?' 나는 재테크나 사업 등으로 얼마든지 많은 돈을 벌 수 있다는 것을 그때에는 몰랐다. 내 주변에는 그런 사람이 없었으니까.

이렇게 많은 사람들에게 돈은 사악하고 돈 많은 사람은 부패한 것으로 보인다. 나도 그랬었고 이 생각을 버리기 전까지 나는 늘 돈에 쪼들렸다. 그런데 돈이 없던 그때의 나는 돈이 있는 지금의 나보다 과연 선한 사람이었나? 그리고 나는 부정과 비리로 7억의 빚을 갚았나? 당연히 아니다. 돈이 있다고 나쁜 사람이 되지도 않고, 돈이 없다고 착한 사람이 되는 것도 아니다. 꼭 부정과 비리로 돈을 버는 것도 아니다. 만약 그런 게 맞다면 노숙자가 제일 선한 사람이 되어야 하지 않겠는가!

그래서 사실 돈은 선하지도 악하지도 않다. 그것은 물이나 불이 선하지도 악하지도 않은 것과 같다. 사실 돈은 그냥 에너지이며 오히려 태양만큼 절대적으로 필요한 에너지다. 물이 흐르는 곳에 생명이 자라듯 돈이 흐르는 곳에 사람이 모이고 문명이 발달한다. 심지어 테레사 수녀도 막대한 기부금을 받아서 수많은 선행을 했다. 돈이 흘러야 사람들이 월급을 받아 생활하고, 학비를 내고 학교도 다니고, 집세를 내고 편안한 집에 살 수 있다. 우리의 모든 일상생활에서 돈 없이 돌아갈 수 있는 것이 있는가? 자 과연 이런데도 돈이 악한가?

나는 두 달에 한 번씩 8년째 운영하는 자기 계발 워크숍이 있다. 이 워크숍에서 나는 늘 참가자들에게 다음 문장의 빈칸에 들어갈 것을 5개씩 채워 보라고 한다.

1. 돈은 _____ 하다(이다).
2. 돈이 많으면 _____ 하다(이다).
3. 돈이 많은 사람은 _____ 하다(이다).

여기서 나온 답변을 보면 그 사람의 돈에 대한 평소의 신념들이 잘 드러나는데 흔히 나왔던 몇 개의 답변을 아래에 표로 정리해 보았다.

	부정적인 답변(돈을 막는 마음)	긍정적인 답변(돈을 끄는 마음)
1번 빈칸	악이다. 없으면 죽는다. 눈물의 씨앗이다. 늘 부족하다. 벌기 어렵다.	세상에 필요한 에너지다. 잘 쓰면 좋다. 돌고 돈다. 쓸 만큼은 늘 들어온다.
2번 빈칸	추악해진다. 잘난 척한다. 뻐긴다. 사람을 무시한다.	풍요롭다. 잘 베풀 수 있다. 여유가 생긴다.
3번 빈칸	거만하다. 돈을 벌기 위해서 수단과 방법을 가리지 않는다. 잔인하다.	여유롭다. 선행을 많이 한다. 힘이 있다. 좋은 일을 많이 할 수 있다. 자신감이 많다.

나야말로 선행의 천사지.

아~~ 좋은 일 하고 싶어 죽겠네.

대부분의 사람은 돈에 대해서 긍정적인 인식과 부정적인 인식이 혼재되어 있어서, 100% 부정적인 답변만 적는 사람도 드물고 100% 긍정적인 답변만 적는 사람도 드물다. 하지만 부정적인 답변을 많이 적은 사람들은 확실히 경제적 만족도가 떨어지는 것은 확실하다. 8년 동안 1,000명에 가까운 사람들에게 이 워크숍을 진행하면서 확인한 결과다.

돈에 대한 인식이 우리에게 어떤 영향을 주는지를 실감할 수 있도록 여기에서 간단한 상상 실험을 해 보자. 두 명의 사람이 있다. 한 명은 돈을 긍정적으로 인식하는 '돈조아'이고, 다른 한 명은 돈을 부정적으로 생각하는 '돈나빠'이다.

'돈나빠'의 경제적 일생

돈나빠의 아버지는 평생 부잣집의 운전기사 겸 관리인을 했다. 힘들게 일해도 월급은 빠듯했고 그 집 가족들은 그의 아버지를 머슴 대하듯 함부로 대했다. 그런 아버지를 보며 돈나빠는 어렸을 때부터 돈에 대해서 이렇게 생각한다. '돈은 악이지만 없으면 죽어. 그런데 벌기 어렵고 늘 부족해. 그래서 돈은 눈물의 씨앗이야. 돈 생각만 하면 서럽고 화가 나.'

돈나빠는 늘 이렇게 생각하다 보니 돈도 안 생기고, 돈 벌 기회도 안 보이고, 돈도 안 되는 일을 하면서, 하루 벌어 하루 먹고 사는 불안한 삶을 살고 있다. 또 돈나빠는 부자들에 대해 늘 이렇게 생각한다. '돈이 많은 사람은 거만해. 돈 벌려고 수단과 방법을 가리지 않아. 그리고 돈을 벌기 위해서라면 잔인한 짓도 마다하지 않아.'

그래서 그는 돈 많은 사람은 다들 나쁜 사람으로 여겨서 되도록 돈을 생각하지도 않고 돈을 벌 생각도 하지 않으려고 한다. TV에서 돈 많은 악덕 기업주가 나오는 것을 보면 혼자서 이렇게 자위하기도 한다. '최소한 나는 가난해도 나쁜 짓은 안 하잖아!'

또 나이가 들면서 돈을 좀 벌었다고 으스대는 친구를 만나고 나면 마음속이 불편해진다. 그는 그 친구를 보고 나서 이렇게 생각한다. '어려서 돈 없을 때는 순진하고 착하더니. 다들 돈이 많아지면 추악해지고 뻐기고 잘난 척하고 사람을 무시하나봐. 돈은 참 요물이야.' 이렇게 생각하니 변질되지 않기 위해서라도 돈을 벌면 안 될 것 같은 느낌이 또 든다.

돈나빠는 이렇게 20년 이상 돈에 고생하면서 살다가, 더 이상 못 견뎌서 마침내 어느 날 외친다. "더 이상 이렇게는 못 살아. 돈 되는 짓이면 뭐든 할래!" 그런 생각을 하던 중에 마침 그가 일하던 작은 공장의 사장이 자신의 공장을 매물로 내놓자, 돈나빠는 이 공장을 빚을 지고 인수한다. 그때부터 돈나빠는 10년 동안 정말 열심히 돈을 번다.

그런데 그는 부지런하기도 하지만 악한 짓도 마다하지 않는다. 직원 월급을 속여서 떼먹기도 하고, 환경법도 적당히 어기며 오염 물질을 몰래 버리기도 한다. 한번은 외국인 노동자를 썼는데, 그가 일을 하다 다쳐서 장애인이 되었다. 그런데도 불법 체류자라는 약점을 이용하여 보상도 안 해주고 쫓아버렸다. 그게 이득이니까. 이렇게 10년 동안 돈을 벌고 모으니 정말 그는 부자가 되었다.

불법체류자 월급 떼먹기

공장폐수
무단방류

110

그는 젊었을 때에는 다들 그에게 착실하고 정직하고 좋은 사람이라고 칭찬했다. 그런데 이제 부자가 되자 옛 친구들은 모두 떠나고 다들 뒤에서 그를 손가락질하면서 이렇게 욕을 했다. "그 인간 요새 돈 벌더니 추악해지고 잘난 척하고 막 뻐기고 사람을 무시해. 게다가 돈이 되면 수단과 방법도 안 가리고 온갖 잔인한 짓도 다 한대." 이제 그에게 돈밖에 남은 게 없는데, 그마저도 안심은 안 된다. 여전히 '돈은 늘 부족해'라고 생각하니까, 마음은 늘 가난하다.

결국 이렇게 돈나빠는 처음에는 돈과 부자에 대한 부정적 인식 때문에 가난하게 살다가, 나중에는 가난에 지쳐서 자신이 그렇게 미워하던 부자의 모습을 그대로 답습해서 나쁜 부자로 살게 된다. 돈나빠는 부자들은 다 사악하고, 부자가 되려면 그럴 수밖에 없다고 생각하니까. 그래서 이처럼 돈과 부자에 대한 부정적 인식은 사람을 착하게 만들지도 못하고 오히려 가난하게 만들거나 아니면 나쁜 부자만 양산할 수 있다.

반대로 '돈조아'의 경제적 일생은 어떻게 펼쳐지는지 한번 보자.

'돈조아'의 경제적 일생

돈조아의 아버지는 양심적인 사업가로 세금도 잘 내고 직원들의 복지도 잘 챙겨주면서 돈을 잘 번다. 아버지는 돈조아에게 어렸을 때부터 그에게 늘 이렇게 말했다. "돈은 세상에 필요한 에너지란다. 잘 쓰면 좋은 거야. 돈이란 돌고 도는 것이니까 네가 쓸 만큼은 늘 들어올 거야." 이런 말을 어릴 때부터 늘 듣다 보니 돈조아는 자연스럽게 돈에 대해서 이런 신념을 갖게 되었다.

그래서 그런지 돈조아는 아등바등하지 않는데도 취직이 되고, 사 놓은 부동산이 저절로 올라서 돈이 되기도 한다. 끼리끼리 모인다는 말이 있듯이, 그의 주변에는 대체로 다들 돈에 관해서는 적당히 풍요로운 사람들이 많다. 그중에서는 제법 돈이 있어서 모임이 있을 때 말없이 큰돈을 계산하고 나가는 사람도 종종 있다. 돈조아는 그런 사람을 보면서 생각한다. '역시 돈이 있으면 풍요로워. 잘 베풀 수 있고, 여유도 생기는군.'

10여 년을 월급쟁이로 생활하던 그는 사업을 해 보고 싶은 생각이 든다. 그는 어렸을 때부터 아버지를 비롯한 다른 훌륭한 사업가들을 보면서 이런 생각을 많이 했었다. '돈이 많은 사람은 여유롭고 좋은 일도 많이 하고 힘과 자신감이 있어.' 그는 결심한다. '이제 나도 그런 사람이 되고 싶어!' 이에 그는 자신이 일해 온 분야에서 사업을 시작한다.

사업의 속성상 이런 저런 위기가 생겼지만, 그때마다 그는 '진정한 사업가는 이럴 때일수록 자신감이 있어'라고 다짐하며 위기를 잘 넘긴다. 이렇게 10여 년을 잘 넘기니 사업은 궤도에 올랐고 그의 소득도 수십 배 이상으로 늘었다. 이제 사업이 스스로 돌아갈 정도가 되니, 돈조아는 사회공헌을 위해 '장학재단'을 만들어 돈이 없어 공부를 못 하는 학생들을 돕는다. 돈조아는 이렇게 믿기 때문이다. '돈이란 세상에 필요한 에너지이고, 사업가란 그 에너지를 세상에 나눠 주는 사람이야!'

이렇게 돈에 대한 긍정적인 인식은 돈조아의 삶을 풍요롭게 했고, 더 나아가 돈조아가 사업을 해서 돈을 잘 벌게 되니까 그를 통해 돈이라는 에너지가 세상의 필요한 곳으로 더 잘 흐르게 되었다. 결국 이렇게 돈에 대한 긍정적인 가치관은 세상을 더 풍요롭게 만들 것이라고 나는 생각한다.

손날점을 두드리면서 다음 문장(수용확언)을 읊어보자. 주변이 의식된다면 속으로 읊어도 된다.

● **수용확언**

－ 나는 어렸을 때 주변에서 돈에 대해 나쁜 말만 듣고 돈이 나쁘다는 생각만 하다 보니 돈이 없어 쪼들리게 살고 있지만 마음속 깊이 진심으로 나를 이해하고 믿고 받아들입니다.

－ 나는 신문과 방송에서 늘 돈 때문에 나쁜 짓을 하는 부자들의 얘기를 듣다 보니 부자는 나쁘다는 생각에 빠져서, 부자를 부러워하면서도 미워했지만 마음속 깊이 진심으로 나를 이해하고 믿고 받아들이고 사랑합니다.

－ 나는 돈이 나의 정신적 가치를 오염시킬까 봐 멀리하고 살았지만 마음속 깊이 진심으로 나를 이해하고 믿고 받아들이고 사랑합니다.

● **연상어구**

연속 두드리기 타점을 대략 5번씩 두드리면서 다음 구절을 읊어보자. 주변이 의식된다면 속으로 읊어도 된다.

－ 나는 돈과 부자에 대해서 좋은 말을 들은 기억이 별로 없다. 돈은 만악의 근원이다. 다들 돈 때문에 나쁜 짓을 한다. 부자들은 다 뻔뻔하고 잔인하다. 부자는 천국에 갈 수 없다. 영적인 사람은 돈을 좋아하지 않는다. 돈이 세상을 오염시킨다.

- 그렇다면 돈이 없을수록 세상은 좋아지고 사람은 선해지는가? 그런 원리라면 노숙자가 제일 선하고, 빈민가의 주민들은 다들 천국에 가는가? 돈이 그렇게 나쁘다면 종교단체들은 왜 기부금을 받는가? 기부금은 돈이 아닌가? 게다가 도대체 돈이 얼마나 없어야 선하고 착한 사람이 되는가?

- 그렇다. 돈 자체에는 선도 악도 없다. 돈에는 액수만 있을 뿐이다. 좋은 방법으로 벌면 좋은 돈이고 나쁜 방법으로 벌면 나쁜 돈이다. 그래서 사업 잘 해서 돈 벌면 좋은 돈이고 사기 쳐서 벌면 나쁜 돈이다. 좋은 방법으로 쓰면 좋은 돈이고 나쁜 방법으로 쓰면 나쁜 돈이다. 그래서 공부하고 기부하는 데에 쓰면 좋은 돈이고 도박하고 사치하는 데에 쓰면 나쁜 돈이다.

- 그러니 이제 나는 돈에 솔직해진다. 나는 돈을 좋아하고 돈도 나를 좋아한다. 그래서 돈이 내게 잘 들어온다. 이제 나는 그 돈을 좋은 곳에 잘 쓴다. 돈을 잘 쓰면 내 삶이 풍요로워지고 세상도 더 밝아진다. 나는 돈이라는 에너지를 세상의 필요한 곳으로 보내는 좋은 통로가 된다.

돈과 관련된 좌절과 절망

1966년에 긍정 심리학의 창시자 마틴 셀리그만은 우연한 기회에 심리학의 역사에서 아주 유명해진 실험을 하게 된다. 그는 24마리의 개를 세 집단으로 나누어 각기 다른 조건을 가진 상자 속에 집어넣었다. A 집단은 상자 바닥에서 전기가 흘러 충격을 받지만, 코로 어떤 버튼을 누르면 전기 충격이 멈추도록 했다. B 집단은 버튼이 없어 전기 충격을 그저 감내해야 했다. C 집단은 전기 충격도 버튼도 없었다.

만 24시간 뒤에 이 개들을 다른 상자에 옮기고 다시 전기 충격을 준다. 그런데 이 상자는 쉽게 넘을 수 있는 가리개로 양분되어 있고, 반쪽에만 전기가 흘렀다. A와 C 집단은 곧장 반대편으로 넘어갔다. 그런데 B집단은 이렇게 낮은 담을 넘지 않고 그저 전기 충격을 감내하기만 했다. 총 24마리로 8번씩 실험한 결과 B 집단의 개들 중 6마리는 포기했고, 2마리만 담을 넘었다. 물론 다른 개들은 모두 담을 넘었다.

이 실험은 나중에 '학습된 무기력(learned helplessness)'이라는 이름으로 유명해졌는데, 이 실험은 좌절감 형성의 심리적 기전을 잘 보여준다. 첫째, 몇 번의 좌절을 경험하면 좌절감이 형성된다. 둘째, 한번 좌절감이 형성되면 시도만 해도 되는 상황에서도 아무런 시도도 하지 않게 된다.

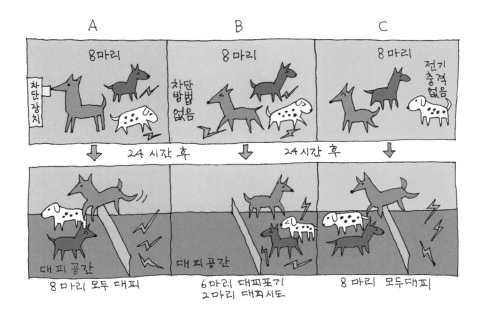

이 원리는 코끼리를 길들이는 과정에서도 잘 드러난다. 먼저 어린 코끼리에게 이 코끼리가 끌 수 없는 무게의 족쇄를 채워놓는다. 아직 야성이 있는 코끼리는 한동안은 이 족쇄를 찬 채로 도망가려고 몸부림치지만 결국은 포기하게 된다.

이윽고 코끼리가 포기를 하면 족쇄를 풀어준다. 시간이 지나면 다시 엄청 더 무거운 족쇄를 채운다. 코끼리는 다시 몸부림치지만 결국 포기한다. 어른이 될 때까지 이런 과정을 서너 번 반복하면 코끼리는 완전히 길들여진다. 곧 좌절 또는 무기력을 학습한 것이다. 일단 이렇게 길들여지면 그 다음부터는 흔한 새끼줄로 말뚝에 툭 묶어놓아도 도망가지 않는다. 주인이 시키면 나무도 뽑고, 기둥은 뽑으면서도 자신을 옥죄는 말뚝 하나를 못 뽑게 된다.

"당신의 불가능이란 고작 이런 말뚝에 지나지 않을지도 모른다."

이 원리는 돈에 관해서도 가장 잘 작동한다. 누구나 돈에 관한 좌절의 경험이 있다. 아무리 애를 써도 아무리 이런 저런 시도를 해 보아도 돈은 들어오지 않는다. 마치 모래를 움켜쥐는 것처럼 힘을 주어 잡으려고 하면 할수록 더 빠져나간다. 이런 경험이 반복되면 우리는 돈에 좌절하고 절망해서 돈을 벌려는 노력 자체를 하지 않게 된다. 꼭 돈과 관련되지 않는 다른 일에 대한 좌절도 쌓이면 돈에 대한 좌절이 되기도 한다.

118

여기서는 그런 좌절감을 EFT로 지워 보자.

내 인생에서 좌절감을 느꼈던 인생의 사건 한두 개를 떠올려보고 다음과 같이 EFT를 해 보자. 필요하다면 매일 꾸준히 반복하라.

[1회전]

● 수용확언

손날점을 두드리면서 다음 문장(수용확언)을 읊어보자. 주변이 의식 되다면 속으로 읊어도 된다.

– 나는 하는 일마다 실패였다. 시험도 연애도 사업도 모두 실패였다. 내 마음속에 는 오직 실패하고 좌절했던 것만 생각나서 이제는 도저히 어떤 새로운 시도도 할 엄두가 나지 않는다. 하지만 어쨌든 이런 나도 마음속 깊이 진심으로 이해하고 믿고 받아들이고 사랑합니다.

– 너무나 실패를 많이 해서 하면 뭐 하나 하는 생각밖에 들지 않고, 몸은 천근만근 무겁기만 하지만 어쨌든 마음속 깊이 진심으로 이런 나도 이해하고 믿고 받아들 이고 사랑합니다.

– 다시 또 실패해서 좌절할까 봐 아무 것도 하기 싫지만 마음속 깊이 진심으로 이 런 나도 이해하고 믿고 받아들이고 사랑합니다.

● 연상어구

연속 두드리기 타점을 대략 5번씩 두드리면서 다음 구절을 읊어보

자. 주변이 의식된다면 속으로 읊어도 된다.

– 모든 게 실패였다. 사업도 연애도 공부도 더 이상 하고 싶지 않다. 하면 뭐 하나.
또 안 될 텐데. 또 좌절할 텐데. 실패한 것만 생각나고 온통 좌절만 느껴진다.

– 몸도 말을 듣지 않는다. 뭔가 해야 된다는 생각이 들지만 몸은 물에 젖은 솜처럼
천근만근이다. 몸과 마음에 좌절의 무게만 가득하다. 태산 같은 무게가 내 몸과
마음을 짓눌러 도저히 꼼짝 할 수가 없다. 심지어 숨을 쉬는 것도 손가락 하나 움
직이는 것도 버겁다.

[2회전]

●**수용확언**

손날점을 두드리면서 다음 문장(수용확언)을 읊어보자. 주변이 의식
된다면 속으로 읊어도 된다.

– 이대로 살 수는 없고 뭔가 해야 된다는 것도 알지만 또 실패할까 두려워 꼼짝하
  지 못하지만 나는 마음속 깊이 진심으로 나를 이해하고 사랑하고 믿고 받아들입
  니다.
– 해야 된다는 생각만 하고 실천하지 못하는 나에게 더 화가 나고 짜증이 나지만
  어쨌든 마음속 깊이 진심으로 나를 이해하고 받아들입니다.
– 나는 아무리 해도 안 된다는 생각밖에 들지 않고 너무나 오래 이렇게 살아서 도
  저히 어떤 것도 할 수가 없고 나를 믿을 수도 없지만 마음속 깊이 진심으로 어쨌
  든 나를 이해하고 믿고 받아들이고 사랑합니다.

●**연상어구**

연속 두드리기 타점을 대략 5번씩 두드리면서 다음 구절을 읊어보
자. 주변이 의식된다면 속으로 읊어도 된다.

– 아무리 해도 안 돼. 또 실패하면 어떡해. 이렇게 사는 것도 괴롭지만 또 실패해서
  좌절하는 게 더 싫어. 머리로는 해야 된다고 생각만 하면서 몸은 전혀 움직이지
  않는다. 이런 나에게 또 화가 난다. 나는 나에게도 좌절한다.
– 그런데 너무나 오래 좌절했다. 또 얼마나 더 좌절할 것인가. 과연 나는 삶을 이렇
  게 겨우 숨만 쉬며 살아갈 것인가. 안 될까 봐 안 하는 게 해서 안 되는 것보다 나

을 게 뭔가. 해서 안 되면 그냥 실패지만 안 될까 봐 안하니 실패는 없다. 그러나 이런 나에게 한없는 좌절만 느낀다.

[3회전]

● 수용확언

손날점을 두드리면서 다음 문장(수용확언)을 읊어보자. 주변이 의식된다면 속으로 읊어도 된다.

– 나는 아직 여전히 좌절하고 몸은 무겁기만 하지만 마음속 깊이 진심으로 나를 이해하고 사랑합니다.

– 나는 여전한 좌절의 무게감 속에서 이제 약간의 가벼움이 미약하게 느껴지지만 어쨌든 마음속 깊이 진심으로 나를 이해하고 사랑합니다.

– 나는 이제 좌절의 무게를 떨쳐버리고 일어나고 싶어도 아직 너무 힘이 약하지만 어쨌든 마음속 깊이 진심으로 나를 받아들이고 새로운 시작과 용기를 선택합니다.

● 연상어구

연속 두드리기 타점을 대략 5번씩 두드리면서 다음 구절을 읊어보자. 주변이 의식된다면 속으로 읊어도 된다.

– 아직 몸이 무겁다. 아직 몸이 움직이지 않는다. 여전히 실패하고 좌절할까 두렵다. 하지만 아무 것도 안 해서 실패조차 못한다고 더 나을 게 또 얻는 게 뭔가. 어차피 나에 대한 좌절뿐인데 나에게 좌절하느니 해보다 좌절하는 게

낫지 않을까. 더 실패한들 더 괴로울 건 뭐냐.

- 새벽의 짙은 안개도 해가 뜨면 조금씩 옅어지고 아무리 높은 오르막도 시간이 지나면 내리막이 있듯 만물은 모두 변화하는 것. 이제 이 좌절의 무게가 조금씩 걷히고 이제 내리막도 보이기 시작한다. 안개가 걷히듯 찌뿌둥함이 걷히고 햇살 같은 가벼움이 내 몸과 마음에 들어온다. 이제 희망과 도전의 가벼움이 느껴진다.

돈 트라우마

누구나 돈에 대한 트라우마가 있다. 예를 들어보자.

- 병원비가 없어 엄마가 제대로 수술을 받지 못해 일찍 돌아가셨다.
- 학비가 없어 원하는 대학에 가지도 못하고 대학에 가는 친구를 부러워하기만 했다.
- 아버지가 사업하다가 망해서 온 집안이 풍비박산 났다.
- 엄마가 보증을 잘못 서서 집을 날리고 온 가족이 친척 집에 얹혀사느라 구박받았다.
- 아버지가 주식에 빠져 전 재산을 날려 학비가 없어 대학도 못 갔다.
- 집에 돈이 없어 늘 꾀죄죄하게 다니다 보니 늘 친구들에게 열등감을 느꼈다.
- 빚이 많아서 빚쟁이나 은행에서 빚 독촉을 늘 받았다.
- 믿던 친척이나 친구에게 사기를 당했다.

그리고 트라우마는 반드시 부정적 신념을 만든다. 일단 신념이 만들어지면 우리는 이 신념대로 살게 된다. "처음에는 우리가 신념을 만든다. 그 다음에는 신념이 우리를 만든다." 자 그럼 이제 여기에 많은 사람들이 돈 트라우마를 겪으면서 갖게 되는

부정적 신념들을 나열해 보자.

　'돈 없으면 죽는다. 돈 버는 것은 어렵다. 돈밖에 믿을 것이 없다. 돈 없으면 무시당한다. 돈은 언제 없어질지 모른다. 나는 사업에는 약하다. 돈이 힘이다. 나는 돈 운이 없다. 돈은 나를 피해 다닌다….'

이런 신념들이 나의 행동과 인생에 주는 영향은 다음과 같다.

돈 트라우마	신념	행동 또는 인생
부모님이 돈 버느라 고생하는 것을 보고 자랐다.	돈 버는 것은 힘들다. 쉽게 번 돈은 나쁘다.	돈 안 되는 방식으로 어렵게 힘들게 돈을 번다
어렸을 때 갑자기 아버지의 사업이 망했다.	돈은 언제 나갈지 모른다. 돈에 안심하면 안 된다.	돈이 있어도 쓸 줄 모른다. 돈을 너무 안 쓰니 사는 재미도 없다.
사업을 세 번 망했다.	나는 사업에 약하다. 나는 돈 버는 운이 없다.	사업하는 데에 안심을 못한다. 좋은 사업 아이템이 있어도 너무 망설인다.

위에서 보듯 과거의 트라우마는 현재의 내 인생이 되고 있다. 만약 내가 이것을 지우고 긍정적인 신념으로 바꾼다면 또 내 인생은 어떻게 될까?

낡은 신념	새로운 신념(확언)	새로운 행동 또는 인생
돈 버는 것은 힘들다. 쉽게 번 돈은 나쁘다.	돈 버는 것은 쉽고 재미있다. 쉽게 버는 것도 좋다.	쉽게 재미있게 일을 하며 돈을 번다. 돈이 쉽게 잘 들어온다.
돈은 언제 나갈지 모른다. 돈에 안심하면 안 된다.	돈은 돌고 돈다. 돈에 안심해도 안전하다.	돈이 있든 없든 돈에 편안해지고, 또 필요한 돈은 잘 들어온다.
나는 사업에 약하다. 나는 돈 버는 운이 없다.	나는 운이 좋다. 나는 실패와 실수에서 교훈을 얻으며 성장한다.	사업하는 것이 편안하고, 추진력이 생긴다. 새로운 사업 아이템도 잘 보이고, 과감하게 추진해서 성공한다.

앞에서 본대로 과거의 트라우마는 시간이 지나도 절대로 사라지지 않는다. '자라 보고 놀란 가슴 솥뚜껑 보고 놀란다'고 하듯, 내 무의식에 남아서 돈에 관해 생각할 때마다 늘 내 마음을 흔든다. 그리고 마음이 흔들리는 만큼 나의 소득도 흔들리는 법이다. 그래서 여기서는 EFT로 돈에 대한 트라우마에서 벗어나자.

[1회전]

● 수용확언

손날점을 두드리면서 다음 문장(수용확언)을 읊어보자. 주변이 의식  된다면 속으로 읊어도 된다.

- 그때 나는 돈이 없는 설움이 무엇인지 처절하게 느꼈지만 마음속 깊이 진심으로 나를 이해하고 믿고 받아들이고 사랑합니다.
- 그때 우리 집은 돈 잃고 사람도 잃는다는 말을 뼈에 사무치도록 느꼈지만 마음속 깊이 진심으로 나를 이해하고 믿고 받아들이고 사랑합니다.
- 나는 그때 돈 없으면 못 산다는 말을 온몸으로 느꼈지만 마음속 깊이 진심으로 나를 이해하고 믿고 받아들이고 사랑합니다.

● 연상어구

연속 두드리기 타점을 대략 5번씩 두드리면서 다음 구절을 읊어보  자. 주변이 의식된다면 속으로 읊어도 된다.

– 돈 없어서 엄마가 못 살지도 몰라. 돈 없어서 학교도 못가. 돈 없어서 남들 먹을 때 구경만 해. 돈 없어서 친구들 학교 가는 것 구경만 해. 돈 없으니 사람이 죽을 수도 있어. 돈 없으면 사람 취급도 못 받아. 돈 없어서 꾀죄죄하니까 애들이 다 무시해. 세상에서는 사람보다 돈이 먼저야.

– 못 사는 우리 집이 창피해. 애들이 집에 놀러올까 봐 불안해. 나만 빼고 다들 유명 브랜드 옷을 입어. 우리 집만 차가 없어. 우리 집이 이렇게 사는 걸 남들이 알까 창피해. 가난한 우리 집이 싫어. 가난한 엄마 아빠에게 짜증이 나. 왜 우리 집만 못 사는 거야.

[2회전]

● 수용확언

손날점을 두드리면서 다음 문장(수용확언)을 읊어보자. 주변이 의식된다면 속으로 읊어도 된다.

– 그때 우리 집은 갑자기 망해서 놀라고 무섭고 비참했지만 마음속 깊이 진심으로
나를 이해하고 믿고 받아들이고 사랑합니다.

– 그때 갑자기 하늘이 무너지듯 우리 재산이 다 날아가서 온몸으로 충격을 받았지
만 마음속 깊이 진심으로 나를 이해하고 믿고 받아들이고 사랑합니다.

– 그때 믿는 도끼에 발등 찍힌다더니 갑자기 지인과 친척에게 배신당해서 재산과
사람을 다 잃고 충격과 분노에 빠져 견딜 수 없었지만 마음속 깊이 진심으로 나
를 이해하고 믿고 받아들이고 사랑합니다.

●연상어구

연속 두드리기 타점을 대략 5번씩 두드리면서 다음 구절을 읊어보
자. 주변이 의식된다면 속으로 읊어도 된다.

– 큰 기둥 같이 든든하던 아버지의 사업이 한 번에 무너졌다. 빚
보증 한 번에 멀쩡하던 우리 집이 확 날아갔다. 그렇게 믿었던
사람들에게 전 재산을 다 뺏겼다. 하늘이 무
너진들 이보다 더 큰 충격일까. 온 가족이
이산가족이 되어 뿔뿔이 흩어졌다. 지하 단
칸방으로 쫓겨 가서 서러워서 잠도 못 들었
다. 세상에 믿을 놈 하나도 없었다. 돈 없는
설움보다 속았다는 분노가 더 컸다.

– 전화가 울리면 돈 달랄까봐 두려웠다. 빚쟁이들이 날마다 돈 달라고 찾아와 행패
부렸다. 편지함에는 독촉장과 청구서만 가득했다. 빚이 저승사자보다 더 무서웠
다. 돈 떼먹은 사람들 생각하면 치가 떨리고 이가 갈렸다. 빚에 쫓겨 도망자처럼

살았다. 이것이 현실이란 것이 믿어지지도 않았다. 아직도 그때를 생각하면 가슴이 조인다.

[3회전]

● **수용확언**

손날점을 두드리면서 다음 문장(수용확언)을 읊어보자. 주변이 의식된다면 속으로 읊어도 된다.

－ 나는 아직도 그때의 충격과 두려움이 여전하지만 마음속 깊이 진심으로 나를 이해하고 믿고 받아들이고 사랑합니다.

－ 나는 그때의 충격으로 아직도 돈에 안심할 수 없지만 마음속 깊이 진심으로 나를 이해하고 믿고 받아들입니다.

－ 지금은 먹고 살만한데도 아직도 안심하지 못하고 뼈 빠지게 일하지만 마음속 깊이 진심으로 나를 이해하고 믿고 받아들입니다.

● **연상어구**

연속 두드리기 타점을 대략 5번씩 두드리면서 다음 구절을 읊어보자. 주변이 의식된다면 속으로 읊어도 된다.

－ 이젠 먹고 살만한데도 여전히 마음이 놓이지 않는다. 빚이라는 말만 들어도 두렵다. 쉬면 큰 일 날까 봐 쉬지도 못한다. 빚은 갚았어도 나는 여전히 쫓기고 있다. 이제는 돈이 아니라 돈이 없던 기억에 쫓기고 있다. 빚을 갚아도 쫓긴다면 빚은 갚아서 뭐 하나. 나는 살기 위해 돈을 버는 것인가. 돈을 벌기 위

130

해 사는 것인가.

– 과거의 좋은 점은 끝났다는 것이다. 아무리 힘든 과거도 이제는 끝났다. 그 일도
그 사람도 더 이상 여기에 없다. 그 빚도 그 빚쟁이도 그 사기꾼도 없다. 과거란
지나가고 끝났다는 말이다. 다 지나가고 다 끝났다. 지금 여기에는 아무 일도 없
다. 나는 이제 안심하고 두 다리 뻗는다.

이제 새로운 신념으로 새로운 행동을 하면서 새로운 인생을 살 수 있게 다음과 같이 확언을 해보자.

돈 버는 것은 쉽고 재미있다. 쉽게 벌어도 된다. 나는 쉽게 번다. 돈은 돌고 돈다. 돈에 안심해도 나는 안전하다. 나는 운이 좋다. 나는 실패에서 교훈을 얻고 고난에서 힘을 키우며 자꾸 자꾸 성장한다.

돈과 관련된 두려움

물 공포증이 있는 사람이 수영을 할 필요가 있어서 수영을 배운다면 어떨까? 그것도 박태환에게서 배운다면 잘 될까? 아마도 거의 불가능할 것이다. 박태환이 아니라 그 누가 와서 가르쳐도 힘들 것이다. 하지만 공포증이 사라진다면 어떻게 될까? 스스로 물가에 갈 수 있고, 그러다 남들과 어울려서 자연스럽게 물놀이를 하게 되고, 그러다 보면 어느새 개헤엄이라도 칠 수 있게 될 것이다.

더 나아가 수영에 재미를 붙여 박태환 선수처럼 될 수도 있을 것이다. 실제로 나는 수영을 배운 적이 없지만 어렸을 때 물가에 살아 물에 대한 두려움이 없다 보니, 수영장에서 내 맘대로 개헤엄을 치고 논다.

돈도 마찬가지다. 지금 세상은 돈 공포증에 시달리고 있다. 어떤 신경생리학자들의 연구에 따르면 돈에 관한 두려움은 사자나 호랑이를 볼 때의 두려움과 비슷한 수준이라고 한다. 그래서 다들 돈에 대해 많은 책도 보고, 온갖 강의도 듣고, 재테크도 해 보지만 잘 되지 않는다. 왜? 돈 공포증 환자가 아무리 좋은 스승과 기술을 가진들 뭐가 되겠는가? 물 공포증 환자가 박태환에게 수영 배우는 꼴밖에 더 되겠는가?

그런데 만약 그가 돈 공포증이 사라진다면 어떻게 될까? 그는 스스로 돈이 있는 곳에 갈 수 있고, 그러다 자연스럽게 돈에 대해 배우고 놀고, 그러다 보면 어느새 먹고 사는 돈 정도는 벌 것이고, 열망이 더 생긴다면 떼돈도 벌게 될 것이다.

원래 두려움의 근본적인 의도는 우리를 위험으로부터 보호하는 것이다. 이런 두려움 때문에 우리는 높은 곳에서 조심하고 맹수를 보면 피하게 된다. 우리의 뇌에서 공포를 느끼게 하는 부분을 편도체(amygdala)라고 하는데, 한 실험에서 편도체를 인위적으로 망가뜨린 쥐를 고양이와 함께 넣어두니, 고양이를 피하지도 않고 심지어 고양이에게 다가가서 잡아먹히기도 했다.

그런데 이런 두려움이 늘 우리를 보호해 주는 것은 아니다. 통제되지 않는 두려움은 도리어 우리를 위험에 더 빠뜨린다. 예를 들어 횡단보도를 건너고 있는데 저 멀리서 차가 달려오고 있는 것을 보면 어떡하겠는가? 차가 두려워서 빨리 건너갈 것이다. 그런데 만약 횡단보도를 안심하고 건너가는 도중에 눈을 돌려보니 갑자기 내 옆에 10톤 트럭이 확 덮치는 것을 보았다면 어떡하겠는가? 상당수는 패닉 상태에 빠져서 그 자리에 얼어붙어서 꼼짝없이 차에 치이고 말 것이다. 이런 경우에는 두려움이 도리어 우리의 목숨을 위협하는 것이다.

특히 돈에 관해서는 더욱 더 그렇다. 1930년대에 미국은 대공황의 공포가 휩쓸고 있었다. 사상 최악의 불경기에 모든 공장은 문을 닫았고, 사람들은 일자리를 잃고 굶주렸다. 가장 최악은 모든 경제 주체들이 두려움에 빠져서 아예 경제 활동 자체가 일어나지를 않았다는 점이다. 미국 역사상 처음으로 이 시기에 미국의 인구가 감소했다. 멸망을 앞둔 미국을 떠나는 인구가 이민자들보다 많았기 때문이다. 바로 이런 상황에서 1933년 3월에 루즈벨트가 제 32대 대통령으로 취임한다.

멸망의 위기에 빠진 미국을 살려내야 하는 막중한 책임을 진 루즈벨트는 20분짜리 취임사를 이렇게 시작한다. "무엇보다도 먼저 우리가 두려워해야 할 오직 한 가지는 두려움 그 자체라는 것을 확실하게 말씀드리고 싶습니다. 두려움은 이름도 없고 이성도 없고 정당화되지도 않는 공포일 뿐이며, 후퇴를 전진으로 만드는 데에 필요한 노력을 마비시킵니다." 그의 이 연설은 공포심에 얼어붙은 국민의 마음을 움직여 마침내 경제를 살려낸다. 이후로 그의 이 연설은 지금까지 사람들 입에 오르내리는 명언이 된다.

"우리가 두려워해야 할 오직 한 가지는 두려움 그 자체다."

돈에 대한 지나친 두려움이 우리에게 주는 나쁜 영향은 크게 두 가지다.

첫째 두려움은 우리를 어리석게 만든다. 둘째 두려움은 우리를 행동하지 못하게 만든다. 그래서 결국 두려움에 빠지면 어리석은 판단으로 섣부른 행동만 하거나 아니면 아무런 행동도 못하다가 결국은 파멸에 이른다. 이것이 두려움의 종착지다. 앞에서 말한 대로 나도 두려움에 빠져서 아무 것도 못하는 채로 파산 상태까지 갔다가 두려움을 버리면서 다시 살아나기 시작했다.

하루는 이런 대화를 했다. "돈 없으면 죽어요." "없어도 안 죽어요!" "네에? 돈 없으면 어떻게 살아요?" "노숙자들은 돈 한 푼 있나요?" "아뇨" "그런데 죽나요?" "돈 없어도 안 죽어요. 다만 없으면 죽는다는 생각 때문에 죽어요." 우리가 돈에 대해 가져야 될 신념은 딱 이 세 가지다. 첫째 "돈 없어도 안 죽는다." 그러니 쫄지 마라. 둘째 "돈은 벌면 된다." 그러니 돈 걱정 하지 마라. 셋째 "돈은 벌 수 있다." 그러니 잘 벌어라.

돈에 대한 두려움의 종류들

지금까지 말한 대로 돈에 대한 두려움만 사라져도 돈을 더 잘 벌게 된다. 그런데 돈에 대한 두려움이 구체적으로 무엇인가? 나의 경험과 연구에 의하면 대략 다음과 같은 것들이 있다.

• 가장 대표적인 것이 돈을 잃거나 못 버는 것에 대한 두려움이다.

• 의외로 돈이 많아지는 것에 대한 두려움도 많다.

• 기타 변화에 대한 두려움, 남 앞에 서는 것에 대한 두려움, 비난과 비판에 대한 두려움 등.

돈이 많아지는 것에 대한 두려움

돈을 잃거나 못 버는 것에 대한 두려움은 당연한 것 같은데 돈이 많아지는 것이 무슨 두려움과 걱정의 대상이 되냐고 대뜸 물을 독자도 있을 것이다. 돈이 없어서 걱정이지 많아지는 게 왜 걱정이냐? 이렇게 생각하는 독자가 많을 것이다. 나도 예전에는 그렇게 생각했다. 그런데 수많은 상담과 강의를 하다 보니 뜻밖에 돈이 많아지는 것이 두려워서 돈을 못 버는 사람들도 많았다.

예를 들어 설명해 보자. 어렸을 때 심한 애정 결핍을 경험한 한 기혼 여한의사를 상담한 적이 있다. 그녀는 한의대를 졸업하고 몇 년 동안은 월급쟁이 생활을 하다가 서울에 큰 기대 없이 개업을 하게 되었다. 그런데 뜻밖에 대박이 났다. 한 달에 이삼천만 원씩 돈이 술술 들어오는 것이었다. 어렸을 때부터 늘 생활고에 시달렸던 그녀는 한 동안은 이런 환상적인 수입에 도취되었다. 그런데 이런 상황이 한두 해가 넘어가자 슬슬 불안해지기 시작했다.

변변한 직업이 없어 경제력은 없지만 순박했던 남편이 아내가 많은 돈을 벌자 슬슬 변하기 시작했다. 어느 날 갑자기 할리 데이비슨 오토바이를 사더니, 또 하루는 고급 외제차를 사고, 차가 생기니 슬슬 밖으로 돌면서 술을 먹고 늦게 들어오는 일이 잦아졌다. 게다가 언제부턴가 자기도 사업을 해서 능력을 보여주겠다고 허황된 소리를 해대는 것이 아닌가. 그러면서 부부 사이도 점점 멀어지고 다툼이 생기기 시작했다.

그러자 그녀는 덜컥 겁이 나기 시작했다. '저 남자가 내가 벌어온 돈으로 딴짓을 하지 않을까? 혹시나 저 남자가 내 돈 쓰다가 바람이 나지는 않을까? 내 돈으로 사업한다고 다 날리지나 않을까?' 이런 불안과 두려움이 쌓이고 쌓여서 결국은 삼 년 만에 그렇게 잘 되던 한의원을 접고 고향으로 내려가서 다시 개원을 했다.

그녀는 이렇게 약 10여 년 동안 한의원을 서너 번 개원했고 그때마다 다행히 한
의원은 잘 되었지만, 돈이 모일만 하면 여지없이 돈이 많아지는 것에 대한 두려움
이 생겨서 한의원을 접었다. 그래서 그녀는 한의원이 잘 되었음에도 일정한 수준의
빚을 늘 갖고 살고 있었다. 결국 '내가 돈이 많아지면 남편이 딴짓을 해서 불행해질
지도 몰라'라는 두려움이 그녀를 늘 일정 수준의 빚을 지며 살게 만든 것이다.

또 다른 예를 들어보자. 약 20명을 대상으로 돈과 관련한 강의를 할 때의 일이다.
나는 그들에게 "돈은 _____이다"라는 문장의 빈칸에 그저 떠오르는 대로
채워 보게 했다. 그리고 한 사람씩 순서대로 빈칸에 적은 것과 그와 관련된 소감을
말해보도록 했다. 그러자 그중의 한 명이 마치 깨달음을 얻었다는 듯이 감격해서
발표했다. "선생님 이제야 제가 왜 돈을 못 모으는지 깨달았어요!"

그가 말한 자초지종을 요약해 보자. 30대 초반이었던 그는 자기계발 강사로서
제법 인기가 있어서, 한 달에 500~1000만 원 정도의 돈을 몇 년째 꾸준히 벌고 있

었는데, 문제는 저축한 돈이 거의 없다는 것이었다. 돈이 남으면 필요 없는 물건을 사거나, 하다못해 친구들의 술값을 억지로 부담해서라도 돈을 다 써버리곤 했다. 돈을 제법 벌어도 저축이 없는 상황이 지속되니까 불안한데도 자기 스스로도 이해되지 않는 이 행동을 멈출 수가 없었다.

그러다 강의날에 그는 이 빈칸을 이렇게 채웠다. '많아지면 피곤하다. 많아지면 사람들에게 배신당한다. 많아지면 위험하다.' 그가 이렇게 말했다. "처음에는 이렇게 써 놓고 도대체 이렇게 쓴 이유를 몰라서 저도 충격을 받았어요. 그러다가 생각이 났어요. 저의 부모님 두 분 다 물려받은 재산이 많았어요. 그런데 평생 그 재산 때문에 온갖 사기를 다 당하고 사람들에게 배신도 많이 당했어요. 어렸을 때부터 늘 이런 모습을 보다 보니, 돈이 많으면 위험하다는 생각을 하게 된 것 같아요. 그래서 돈이 조금만 모이면 어떻게든 다 써버렸나 봐요!"

- 돈이 많아지면 다들 나를 질투해서 외로워질 거야.
- 돈이 많아지면 사악해질 거야.

- 돈이 많아지면 돈 관리하느라고 힘들 거야.
- 돈이 많아지면 사람들이 돈 달라고 찾아와서 괴롭힐 거야.

놀랍게도 이런 식으로 돈이 많아지는 것에 대한 두려움 때문에 돈이 없는 고통 속에 살아가는 사람들이 너무 많다.

변화가 두려워요

미국이나 한국이나 매번 선거 때가 되면 재미있는 현상이 있다. 많은 빈민층이 증세를 통한 복지 향상에 반대하는 보수 정권을 지지한다는 점이다. 사실 빈민층은 증세가 되어도 세금을 더 낼 것도 없고 복지가 향상되면 바로 그 혜택을 볼 것이 확실한데도 그렇다. 왜 그럴까? 빈민층은 변화를 통해 무언가를 잃을까 봐 두려워하기 때문이다. 더 구체적으로는 사실 그럴 일이 없는데도 세금이 당장 그들의 발등에 떨어질까 봐 두려워하기 때문이다. 그래서 그들이 더 가난해지는데도 말이다.

그리고 내게 심리치료를 받는 사람들에게서 종종 듣는 말이 있다. "이보다 더 나빠지면 어떡해요?" 그럴 때마다 나는 말한다. "지금이 최악인데 잃을 게 뭐 있어요? 좋아질 것밖에 없으니 안심하세요." 이렇게 힘든 상황에 빠져 있는 사람일수록 더 보수적이며 변화를 싫어하고 두려워서 아무런 시도를 안 한다. 그래서 상황은 꾸준히 나빠진다.

이렇게 말하는 나도 사실은 과거에 그랬다. 파산 직전의 상황

140

에 이를 때까지 '변화를 시도했다가 더 나빠지면 어떡하나?'하는 두려움으로 아무 것도 못해서 계속 나쁜 상황에 빠져 있었다. 사실 모든 사람에게 변화는 두려운 것이다. 그러다 이순신 장군을 통해 변화의 두려움을 버리는 순간 바로 상황은 좋아지기 시작했다.

우리의 무의식에서는 모든 새로운 것을 일단 위험한 것으로 보고서 피하려고 한다. 진화심리학에 따르면 이런 두려움의 기본 의도는 위험으로부터 자신의 생명을 보호하는 것이다. 원시 시대에 인간들은 자신들의 영역을 벗어나는 순간 늘 새로운 종족이나 낯선 야생 동물의 공격을 받기가 쉬웠기 때문이다.

남들 앞에 드러나는 것이 두려워요

쥐라는 동물은 늘 사람들 곁에 있지만 쉽게 눈에 띄지 않는다. 밤에만 활동하고 인기척이 있으면 숨어 버리고, 사람이 보이면 움직이지 않으니까. 사람들 중에서도 이런 사람들이 있다. 나는 가끔 졸업 앨범을 볼 때가 있는데, 이 앨범의 사진 속에는 있지만 전혀 기억나지 않는 아이들이 여럿 있다. 이런 아이들이 바로 드러나기가 두려운 사람들이다. 이런 사람은 드러날 수 있는 어떤 행동도 말도 하지 않는다. 말과 행동도 적고 발표도 하지 않고 장기 자랑에 나서지도 않으며 문제를 일으키지도 않는다. 그래서 일 년 내내 같이 있어도 그들을 기억할 일이 별로 없다.

쥐와 같은 동물은 생명 보존을 위해 자신을 숨긴다. 사람들은 대체로 인기와 명예를 원하지만 반대로 쥐처럼 숨어서 드러나지 않기를 바라는 사람도 많다. 그런데 돈과 기회란 대부분 인간 관계를 따라 도는 것이다. 그래서 다들 '인맥이 중요하다'고 하지 않나! 그러다 보니 드러나기를 바라지 않는 사람들은 돈과 기회도 대부분 놓치게 된다. 실제로 돈을 잘 버는 사람들은 대체로 아주 사교적이며 자신을 드러내는 것에 거리낌이 없다. 사회 활동이란 곧 자신을 드러내고 알리는 행동이고, 사

난 너무 뚱뚱해.
엄청 창피해….
숨고만 싶어.

142

회 활동 없이 어떻게 돈을 벌겠는가. 그래서 드러나는 것에 대한 두려움은 가난해지는 길로 직결된다.

그럼 왜 사람들은 드러나는 것을 두려워하는가? 나의 연구와 경험에 따르면 대체로 다음과 같은 원인이 있다.

- 수줍음 또는 창피함
- 열등감
- 비난과 비판의 두려움
- 튀거나 눈에 띄는 게 무조건 두렵다

돈을 잃거나 못 버는 것에 대한 두려움

이런 두려움은 100% 어렸을 때 겪었던 돈 트라우마가 무의식에서 작용하는 것이다. 그러니 이것에 관해서는 돈 트라우마를 참고하라.^{124쪽 참조}

돈이 많아지는 것에 대한 두려움

● 수용확언

손날점을 두드리면서 다음 문장(수용확언)을 읽어보자. 주변이 의식된다면 속으로 읽어도 된다.

　― 내가 돈이 많아지면 사람들이 나를 귀찮게 하고, 돈 달라고 조를까 봐 두려워서 버는 게 꺼려지지만 마음속 깊이 진심으로 나를 이해하고 믿고 받아들이고 사랑합니다.

― 내가 돈이 많아지면 가족들이 사고치거나 사람들이 나를 질투할까 봐 돈이 많아지는 게 꺼려지지만 마음속 깊이 진심으로 나를 이해하고 믿고 받아들이고 사랑합니다.

― 내가 돈이 많아지면 돈 관리하기도 힘들 것 같고, 내가 타락할까 봐 두렵기도 하지만 마음속 깊이 진심으로 나를 이해하고 믿고 받아들이고 사랑합니다.

● 연상어구

연속 두드리기 타점을 대략 5번씩 두드리면서 다음 구절을 읽어보자. 주변이 의식

144

된다면 속으로 읊어도 된다.

– 돈이 많아지면 걱정돼. 사람들이 나를 질투할까 봐. 사람들이 나를 돈으로 볼까 봐. 여기저기서 돈 달라고 귀찮게 할지도 몰라. 다들 내 돈만 보고 진심으로 다가오지 않을 거야. 돈 관리하기도 힘들 거야. 가족들도 돈 생기면 사고 칠 것 같아. 나도 돈 생기면 타락하거나 사악해질지 몰라. 돈 많아서 남들보다 튀면 안전하지 못해.

– 이런 걱정과 두려움 때문에 너무나 오래 돈에 쪼들리면서 살고 있어. 돈 많아져서 문제 생길까 봐 이렇게 돈 없이 살아. 그런데 돈 없다고 안전한 것도 아니야. 맨날 생활비 걱정에 학비 걱정에… 돈 많은 게 걱정이 아니라 쓸 돈이 없어서 못 쓰는 게 걱정이야. 이런 형편에 돈이 많아질까 봐 걱정하는 게 꼭 서민들이 이건희 회장 걱정해 주는 것 같아. '요즘 수출이 안 된다는데 삼성이 힘들어져서 이건희 회장은 어떡해?'

– 그런데 내 인생에서 실제로 돈 많아서 힘들었던 적 있었나! 맨날 없어서 힘들었지. 차라리 이제는 돈 있어서 힘들어봤으면 좋겠다. 맨날 없어서 힘든 것도 지겹다. 나도 돈 때문에 타락해봤으면 좋겠다. 타락하고 싶어도 돈이 있어야 타락하지. 있지도 않은 돈 때문에 도대체 왜 무슨 문제가 생기나?!

– 그러니 이제 그냥 돈 좀 벌어보자. 없는 걱정보다 차라리 있는 걱정을 해 보자. 돈 벌어서 정 문제 되면 그냥 싹 다 기부하면 되지. 돈 관리가 힘들면 돈 주고 맡기면 되지. 돈 때문에 사람들이 힘들게 하면 있는 척 안 하면 되지. 돈 없는 게 문제지, 있는 게 문젠가! 돈 있어도 안전해. 돈 있어도 아무 문제없어. 그냥 행복하고 마음 편한 부자가 되면 돼. 그렇게 될 수 있어!

변화에 대한 두려움

●수용확언

손날점을 두드리면서 다음 문장(수용확언)을 읊어보자. 주변이 의식된다면 속으로 읊어도 된다.

– 나는 괜히 새로운 것을 시도했다가 더 잘못되면 어떡하나 두렵지만 마음속 깊이 진심으로 나를 이해하고 믿고 사랑합니다.

– 나는 앞으로 다가올 일이 두려워서 아무 것도 못하고 벌벌 떨고만 있지만 마음속 깊이 진심으로 나를 이해하고 받아들입니다.

– 변화가 두려워서 아무 것도 못하면서도 아무 것도 안 하면 100% 망할 것이 확실하니까 온몸이 다 떨리지만 마음속 깊이 진심으로 나를 이해하고 믿고 받아들이고 사랑합니다.

●연상어구

연속 두드리기 타점을 대략 5번씩 두드리면서 다음 구절을 읊어보자. 주변이 의식된다면 속으로 읊어도 된다.

- 괜히 시도했다가 더 힘들면 어떡해. 괜히 시도했다가 더 나빠지면 어떡해. 이대로 사는 것도 힘들지만 더 나빠져서 더 힘들까봐 두려워. 그래서 아무 것도 못해. 그런데 이대로 살면 꾸준히 나빠지다가 100% 망할 것도 확실해. 그래서 안 해도 두렵고, 해도 두려워. 그냥 어차피 다 두려워.

- 이렇게 해도 두렵고 안 해도 두렵다면 그냥 안 두려워해도 되겠네. 결국 어차피 이유 없이 두려운 것이니까. 아무 이유 없이 안 두려워해도 되겠네. 할 이유가 없는 것은 안 해도 되듯, 두려울 이유가 없는 것은 두려워할 이유도 없네. 그러니 그냥 두려워하지 말자.

- 이렇게 두려움을 버리니 새롭게 시도하고 싶어진다. 뭔가 한다고 100% 성공하지는 않겠지만 아무 것도 안 하면 100% 실패하니까. 두려움으로 보내던 시간이

사라지니 어차피 심심해서라도 뭔가 해야 돼. 그러니 그냥 맘 편하게 시도하자. 시행착오가 거듭되면 시행성공이 되는 법이니까.

남들 앞에 드러나는 것에 대한 두려움

이 두려움은 거의 대부분 애정 결핍이 심한 사람들에게 나타난다. 그러니 이에 대한 EFT는 애정 결핍^{156쪽 참조}을 참고하라.

애정 결핍

먼저 아래의 심리적인 증상을 보라. 독자 여러분은 몇 개나 해당하는가?

1. 쉽게 흥분하고
자주 짜증을 낸다.(   )

2. 지나치게 타인에게 사랑과
인정을 받으려 애쓴다.(   )

3. 자신이 별로
가치가 없다고 느낀다.(   )

4. 작은 일에도 쉽게
좌절하고 포기한다.(   )

5. 작은 일에도 쉽게 걱정하고
의심하고 불안해한다.(   )

6. 성격이 예민하고
쉽게 상처를 받는다.(   )

7. 사람들을 믿지 못해서
자주 의심한다.(　　)

8. 온갖 불평과
불만이 많다.(　　)

9. 세상에 나밖에 없다는
외로움을 많이 느낀다.(　　)

10. 누군가를 자꾸
원망하고 미워한다.(　　)

11. 자꾸 자기를
비난하고 의심한다.(　　)

12. 사람들 앞에서 쉽게
움츠러들고 눈치를 잘 본다.(　　)

이상의 증상은 어렸을 때에 애정 결핍을 경험한 사람들이 흔히 보이는 모습들이며, 이런 마음은 또한 돈을 막는 마음이기도 하다. 이런 내 말에 많은 독자들은 이렇게 반문할지도 모른다. '나는 해당 사항이 몇 개 있기는 하지만, 좋은 부모님 밑에서 사랑받고 컸는데?' 많은 사람들이 애정 결핍이 있는데, 그 사실을 인지하지 못하는 경우가 많다. 사람들이 흔히 생각하는 애정 결핍은 다음과 같은 것들이기 때문이다.

• 부모님 한 분 또는 두 분이 일찍 돌아가셨다.
• 부모님이 어렸을 때 이혼했다.
• 부모님이 어렸을 때 나를 방치하거나 학대했다.

• 새엄마나 새아빠 밑에서 컸다.

이런 것은 당연히 애정 결핍이며 다들 애정 결핍이라고 인지한다. 하지만 이보다 은근한 형태의 애정 결핍이 더 많으며, 이것은 사람들이 애정 결핍임을 인지하지 못해 오히려 더 나쁘다. 다음이 은근한 형태의 애정 결핍이다.

어렸을 때 부모님이
맞벌이하느라 집에서
혼자 있던 적이 많았다.

어렸을 때 부모님이
맞벌이하느라 다른 사람의
손에서 컸다.

어렸을 때 부모님이
너무 바빠서 나를 충분히
챙겨주지 못했다.

어렸을 때 엄마가 너무
무뚝뚝해서 나와 충분히
공감해 주지 않았다.

어렸을 때 엄마가 너무
변덕스러워서 잘해 줄 때에는
잘해 주는데 기분 나쁘면
너무 무서워서 혼란스러웠다.

어렸을 때 식구가 너무 많아서
엄마의 보살핌을 충분히
받지 못했다.

어렸을 때 엄마가
비교나 비난을 많이 했다.

어렸을 때 엄마가
짜증을 자주 냈다.

어렸을 때 엄마와 아빠가
자주 싸워 불안했다.

어렸을 때 집안에 법도가
엄격해서 부모님이
애정 표현을 잘 못했다.

어렸을 때 부모님과의
스킨십이 부족했다.

어렸을 때 딸이라는 이유로
또는 맏이가 아니라는 이유로
차별받았다.

어렸을 때 집이 부자라서
엄마 손이 아닌
보모의 손에 자랐다.

이런 형태의 애정 결핍은 너무도 많다. 수천 명을 상담해 본 나의 오랜 경험과 연구에 따르면 전업주부인 엄마가 제대로 키울 수 있는 아이의 수는 최대 셋이다. 셋이 넘어가거나 둘이라도 엄마가 맞벌이를 하게 되면 애정 결핍을 느끼는 아이가 나오게 마련이다. 그런데 현실적으로 우리나라에서 이런 이상적인 조건에서 자랄 수 있는 아이가 몇이나 되겠는가! 그러니 상당수의 사람들은 애정 결핍을 갖고 있다.

그런데 애정 결핍이 돈과 어떤 상관성이 있을까?

1. 부탁을 거절하지 못해서 돈을 잘 날린다.

⋯▸ 애정 결핍인 사람은 사람들과의 관계가 멀어지는 것을 두려워하기 때문이다.

2. 자신감이 없어서 돈 버는 시도를 못하고 쉽게 포기해서 돈을 못 번다.

⋯▸ 부모의 애정은 아이에게 할 수 있다는 신념을 주기 때문이다.

3. 돈으로 남에게 인정받으려고 과시적인 소비를 많이 해서 돈을 낭비한다.

⋯▸ 애정 결핍의 보상 심리로 자꾸 겉모습만이라도 인정받으려고 하기 때문이다.

4. 믿을 것이 돈밖에 없다는 생각에 돈에 너무 집착한다.

⋯▸ 부모의 사랑을 못 받은 사람은 사람을 못 믿고 돈밖에 믿지 못하기 때문이다.

5. 돈으로 선심 써서 사람들의 인정을 받으려고 해서 돈을 낭비한다.

⋯▸ 애정 결핍의 보상 심리로 돈을 써서라도 사람들의 관심과 인정을 받고 싶기 때문이다.

6. 열등감 때문에 남에게 받거나 요구하지 못해서 충분한 보상을 못 받는다.

⋯▸ 사랑을 못 받은 아이는 '자신이 못 나고 가치가 없다'는 무의식적 신념을 갖게 되기 때문이다.

이밖에도 많지만 애정 결핍이 돈에 미치는 영향은 막대하다. 그래서 나는 종종 이런 생각을 말하는데, 아마 독자도 이쯤이면 거의 동의할 것이다.

"아이에게 100억을 물려주는 것보다 충분한 사랑을 주는 게 더 돈이 돼요!"

애정 결핍 증상이 심한 여성 프리랜서를 상담했던 적이 있다. 그녀는 외국 유학도 갔다 오고 실력도 인정받아서 꽤 많은 보수를 받았다. 그런데도 그녀는 늘 아슬아슬하게 빚이 조금씩 있었고 빚이 한계를 넘어서면 엄마에게 돈을 빌리곤 했다. 그럴 때마다 엄마는 딸보다 더 불안해 했다. 하루는 이런 경제적 문제에 대해 EFT를 하다가 그녀가 말했다. "돈 많아서 누구 좋으라고 하는 느낌이 드네요." 자초지종을 들어 보니 그녀는 어릴 때 사랑을 주지 않았던 엄마가 늘 미웠고, 엄마가 자신 때문에 힘들어하는 것이 도리어 고소하게 느껴진다고 했다.

나는 이것을 '나 망가질 거야' 증후군이라 부르는데, 애정 결핍이 있는 사람들이 많이 보이는 심리 상태다. 이 사례는 돈으로 망가지는 경우라 할 수 있다. 하여튼 애

154

정 결핍은 이런 식으로도 돈과 관련된다. 나는 인간과 관련된 모든 문제의 근원에
는 애정 결핍이 존재한다고 믿는다. 사실 애정 결핍에 관해서는 따로 책을 한 권 써
도 부족하지만 일단 이 정도로 애정 결핍과 돈의 상관성을 마무리하려고 한다.

성공한 사람의 마음 속에는 엄마가 있다.

애정 결핍을 치료해 보자. 어릴 적 애정 결핍 상처의 가장 큰 심각성은 어른이 되어서 충분히 사랑을 받아도 그것이 치유되지 않는다는 점이다. 애정 결핍의 상처는 스스로 이 상처를 인식하고 치유할 때에만 나을 수가 있다. 그래서 애정 결핍의 상처가 심하다고 느끼는 독자들은 직접 이에 관해서 전문가에게 심리치료를 받기를 권한다.

다만 여기에서는 그나마 효과적인 방법을 소개하려고 한다. 나는 애정 결핍이 심해서 자기 사랑이 부족한 사람들에게 다음과 같은 수용확언을 매일 아침 저녁으로 진심을 담아서 5분씩 손날점을 두드리면서 반복해서 음미하라고 시킨다. 독자 여러분들도 따라해 보라. 가슴 속에서 뭔가 뭉클한 느낌이 올라올지도 모른다. 이와 관련해서 이런 경험담을 받았다.

"'나는 소중하다'를 천 번 외우니까 영적 치유가 일어나네요. 진짜 효과있어요. 어린 시절 아버지가 때리면서 큰소리로 '이 아무 짝에도 쓸모없는 것아'란 소리를 자주 하셨어요. 이것 때문에 어린 시절에 매우 힘들었고, 항상 나는 별 볼 일 없으니 공부로라도 인정받자고 엄청 열심히 했어요. 한의사가 되고 항상 노력해도 나는 항상 별 볼 일 없는 사람인데, 노력해야 인정받는다고 생각하고 강박적으로 살았어요. 그러다 보니 심한 스트레스와 우울증과 극심한 두통이 생기더군요. 몇 년간 열심히 노력해서 조금씩 나아졌는데, 나는 소중하다를 외우니까 영적으로 치유가 되고, 너무 행복하고 사랑이 너무 절절히 느껴져요. 제게 너무 효과가 있어서 올려봅니다."

● **수용확언**

손날점을 두드리면서 다음 문장(수용확언)을 읊어보자. 주변이 의식
된다면 속으로 읊어도 된다.

내가 돈이 있든 없든, 아프든 건강하든, 잘 났든 못 났든, 잘 하든 못 하든, 현재 상
황이 어떠하든, 언제 어디에 있든, 마음속 깊이 진심으로 나를 힘들게 한 모든 사건
과 상황과 사람들을 용서하고, 마음속에서 내려놓으며, 이 세상과 우주에 감사하
며, 나를 판단하거나 비난하지 않고, 어쨌든 무조건 있는 그대로 나 자신을 이해하
고 믿고 받아들이고 사랑합니다. 그리하여 새로운 인생, 내가 원하는 인생을 사는
것을 선택합니다.

3장

돈을 끌어오는
마음을 만들어라

믿음:
자꾸 말하고 자꾸 생각하면 정말 그렇게 돼!

생각은 몸을 지배한다

남자와 여자가 팔씨름을 한다면 누가 이길까? 당연히 남자가 이길 것이다. 그런데 이런 당연한 사실을 뒤엎는 일이 일어난다. 2009년 9월 12일에 EBS의 「과학 카페」라는 프로그램에서는 '최면의 과학적 진실'이라는 주제로 방송을 한다. 여기에서 먼저 29세의 남자와 23세의 여자가 팔씨름을 한다. 당연히 남자가 여자를 가볍게 이기고 승자의 미소를 짓는다.

그 다음에 최면 전문가 류한평 박사가 이 둘에게 최면 상태에서 암시를 건다. 남자에게는 '힘이 약해진다'는 암시를 여자에게는 '힘이 세진다'는 암시를 준다. 이윽고 다시 팔씨름을 하게 한다. 그러자 놀랍게도 여자가 남자를 가볍게 이긴다.

의기양양해진 여자가 소감을 말한다. "초등학생같이 느껴져요!"

뜻밖에 져서 놀라고 당황한 남자가 말한다. "도저히 이건 여자가 아냐!"

도대체 무슨 일이 일어난 것일까? 이에 대해 최면 전문가 류한평 박사가 말한다. "잠재의식은 어떤 암시를 받으면 부정적인 암시든 긍정적인 암시든 암시를 받은 대

로 자기 몸을 지배합니다." 다시 실험팀은 이 둘의 암시 전후의 실제 근력을 측정하고 그 결과를 보여준다.

	남자	여자
악력: 손아귀 힘	36.7 → 16.2 (50% 이상 감소)	24 → 26.5 (10% 정도 증가)
스쿼트: 역도하듯 역기 드는 힘	962 → 442 (50% 이상 감소)	264 → 904 (무려 240% 이상 증가)

위 표에서 본대로 암시는 실제로 몸의 근육까지 약화시켰다. 그럼 이 실험 결과가 의미하는 바는 무엇일까? 우리가 늘 무심코 자주 하는 생각이 결국 우리의 몸을 지배하고, 우리는 그 생각대로 살게 된다는 것이다.

"무의식의 생각은 우리 몸을 지배한다."

우리는 살아온 만큼 마음속에 이미 여러 가지 생각들이 가득 차 있고 이런 생각들이 이 실험의 최면 암시로 작용하게 된다. 예를 들어보자.

- 돈 버는 것은 어렵다.
- 사업은 위험하다.
- 돈은 악의 근원이다.

이미 이런 생각이 마음속에 가득하다면 우리의 인생은 어떻게 될까?

- 돈 버는 것은 어렵다는 생각에 뭘 해도 힘들게 겨우겨우 벌어먹고 살거나, 돈을 많이 벌더라도 늘 힘들게 번다.
- 위험한 사업을 하지 않으려고 철밥통 공무원이나 샐러리맨이 되었는데, 상사가 온갖 부당한 요구를 하고 모욕감을 주어도 꾹 참으며 산다. 사업은 너무 위험하니까 사업할 바에야 비굴하게 사는 게 낫다고 느끼며 그냥 버틴다.
- 돈은 악의 근원이라는 생각에 자꾸 돈 얘기나 돈 생각을 피하려고 한다. 그러다 보니 능력이 좋고 재능도 있는데도 늘 돈에 쪼들린다. 돈을 자꾸 피하니 돈이 들어오지 않는다.

생각이 행동에 미치는 영향을 잘 보여주는 또 하나의 자료가 있다. 2008년 11월 11일에 EBS의 「다큐프라임」이라는 프로그램에서는 '상상에 빠지다'라는 제목으로 아주 흥미로운 장면을 보여주었다.

다들 아는 '베이징 올림픽의 한판승 사나이' 최민호 선수가 등장한다. 그는 2004년 아테네 올림픽을 비롯해 크고 작은 대회에서 연달아 3등을 한다. 큰 대회에서 3등 세 번하고, 작은 대회에서 또 3등 세 번하다 보니, 3등 콤플렉스에 시달리게 된

다. 그가 말한다. "이렇게 자꾸 3등만 하니까 계속 3등 생각이 나는 거예요!"

이에 그는 심리기술 훈련 전문가 신정택 박사를 찾아온다. 그 박사는 이 선수에게 숙제를 준다. "본인을 즐겁게 하고 긍정적으로 만들 수 있는 이미지를 적어오라고 했어요." 이에 최민호 선수는 종이쪽지에 몇 가지 모습을 적어온다. 그 쪽지에는 다음과 같이 적혀 있었다.

'올림픽 시상식 장면, 엄마가 행복해 하는 장면, 사람들이 날 알아주는 장면, 여자들이 나 좋다고 하는 장면….'

최민호 선수는 이렇게 적은 것들을 매일 상상하면서 누구나 알다시피 마침내 금메달을 따게 된다. 이제 다시 한번 명확해졌다.

"우리의 생각은 우리의 몸과 행동을 지배한다."

생각은 행동을 지배한다

2014년 7월 초순에 제법 강력한 태풍이 우리나라로 다가왔다. 다행히 이 태풍은 제주도를 거쳐서 일본으로 빠져나가는 바람에 제주도에는 많은 비와 바람을 몰고 왔지만, 본토에는 다행히 큰 피해를 주지 않았다. 그런데 특이한 것은 하필 이 태풍의 이름이 '너구리'였다는 점이다.

	전국	제주도	참고
GS25 너구리 라면 판매 증가량 (전 주에 비해)	4.9% 증가	30.2% 증가(제주도 총 라면 판매는 6.7% 증가)	전국 평균의 6배
세븐일레븐 너구리 라면 판매 증가량 (전 주에 비해)	2.2% 증가	18.9% 증가	전국 평균의 9배

출처: 이데일리 2014. 7. 10.일자 기사, "태풍 '너구리' 효과? … '너구리 라면' 판매 급증"

너구리 라면과 같은 이름의 태풍이 제주도를 지나가자, 위의 표에서 보듯 태풍 영향권이었던 제주도 사람들만 '너구리'라는 말을 뉴스에서 자꾸 듣게 되었고, 그 결과 너구리 라면의 판매량이 전국에 비해 9배까지 급증했던 것이다.

"말은 씨가 되고, 말은 행동이 된다."

2009년 4월 29일에 EBS 방송에서 방영한 「다큐 프라임, 인간의 두 얼굴 2」라는 심리학 다큐멘터리에서는 아주 흥미로운 실험이 나온다. 먼저 7쌍의 어린아이와 엄마가 있다. 이제 한 쌍씩 작은 방에 들어가서 게임을 한다. 이 방바닥에는 수십 개의 공이 떨어져 있고, 아이는 안대로 눈이 가려져 있고, 엄마는 소쿠리를 들고 있다. 1분 동안 아이는 바닥에 떨어져 있는 공을 주워 엄마의 안내에 따라 이 소쿠리로 던져 넣는다. 이윽고 시간이 종료되면 받은 공의 개수를 센다. 제일 많은 공을 받은 쌍이 이기는 것이다.

실험에 참가한 7쌍의 성적은 다음과 같았다. 5쌍은 12개 이상의 공을 받았고,

두 쌍은 7개의 공을 받았다. 그런데 그중에는 무려 19개나 되는 공을 받은 쌍도 있었다. 이 실험의 특이점은 공을 던지는 아이의 눈이 가려져 있어서 아이의 운동 실력이 게임에 아무런 영향을 주지 않는다는 점이다. 그렇다면 과연 무엇이 이런 큰 차이를 낳은 것일까?

다음은 7개를 넣은 한 쌍의 엄마가 실험 중에 아이에게 한 말들이다. "아니 그쪽 아니고 아니, 반대쪽. 아니 앞에, 아니 아니, 아래로 내리꽂지 말고. 너무 약해, 조금 세게. 아니 아니 아니 뒤로."

다음은 7개를 넣은 또 다른 한 쌍의 엄마가 실험 중에 아이에게 한 말들이다. "하나도 안 들어가겠다. 아니, 아니야, 아니, 이건 안 돼. 아니 정면 봐야지. 그거 떼면 안 돼."

반면에 12개 이상을 넣은 쌍의 한 엄마는 다음과 같은 말을 했다. "어머 잘 하네. 또, 오우 잘 하네. 또, 오우 잘 하네. 또." 12개 이상을 넣은 또 다른 쌍의 엄마가 한 말들이다. "오우 잘 하는데. 아이 잘 한다. 그렇지, 아이 잘 하네."

결론적으로 아이의 공 던지기 실력은 아이를 지도하는 엄마의 말에 달려 있었다. 공을 7개밖에 못 받은 2쌍의 엄마들은 '아니, 안 돼'라는 말을 너무 많이 썼다. 반면에 12개 이상의 공을 받은 쌍의 엄마들은 다들 '괜찮아, 잘 하네'라는 말을 많이 썼다. 심지어 이들 엄마들은 아이들이 공을 못 넣어도 '괜찮아, 잘 하네'라고 말했다. 곧 '안 돼'라는 말을 들은 아이들은 안 됐고, '잘 하네'라는 말을 들은 아이들은 결국 말 그대로 잘 됐다!

2009년 10월 9일에 한글날 특집으로 MBC는 「말의 힘」이라는 다큐멘터리를 방영했다. 여기에도 우리의 흥미를 끄는 실험이 하나 나온다. 먼저 실험 전에 다음과 같은 것들이 준비되었고 실험 의도는 모든 참가자들에게 비밀이었다.

– 대기실과 로비와 실험장을 준비한다. 대기실과 실험장 사이에는 폭이 수십 미터가 넘는 넓은 로비가 있다.
– 실험장에서 대기실까지 40미터의 거리를 정확하게 재고, 그곳에 파란색 테이프로 표시를 해 둔다.
– 60대의 노신사, 초시계를 든 한 명의 관찰자, 30개의 단어 카드, 12명의 20대 남녀 참가자.

먼저 입구에서 한 여성 참가자가 청색 테이프를 밟고 지나가서 실험장의 노신사 앞에 선다. 노신사는 참가자에게 문장을 만드는 언어 능력을 테스트한다고 말하고, 책상 위에 30개의 단어 카드를 늘어놓는다. 이 카드에는 해질녘/황혼의/전원주택/늙은/뜨개질/회색의/따분한/노후자금/예의바른/의존적인/쓸쓸한/은퇴한/보수적인/휠체어를 탄 등의 단어가 적혀 있다. 참가자는 제한시간 5분 안에 카드를 조합

해 3개의 문장을 만들어야 한다.

　이 카드를 본 여성 참가자가 한마디 한다. "나이 드신 분들이 연상이 되는데요." 이윽고 참가자가 문장을 만들어 말을 한다. "해질녘에 황혼에 전원주택에 산다. 늙어서 뜨개질을 하고 휠체어를 타고 있다. 은퇴해서 쓸쓸하고 외롭다." 이렇게 실험을 끝낸 참가자는 대기실로 돌아가면서 아까의 그 파란색 선을 다시 밟는다.

　그런데 진짜 실험은 실험장 바깥에서 벌어지고 있었다. 40미터 떨어진 실험실까지 갔다 오는 왕복시간을 관찰자가 초시계로 정확하게 재고 있었던 것이다. 실험실에 들어가기 전까지는 26.28초가 걸렸고 실험실을 나와 돌아올 때는 31.09초가 걸렸다. 무려 5초에 가까운 차이가 생겼다. 이뿐만 아니라 들어갈 때에는 씩씩하던 걸음걸이가 나올 때에는 축 처진 모습이었다. 가짜 실험 후에 마치 이 20대 여성 참가자는 진짜 노인이 된 것처럼 축 처져 버린 것이다.

　이 여성만 그런 것일까? 나머지 11명에게도 동일한 실험을 했다. 그리고 왕복시간을 측정했다. 12명의 평균치는 다음과 같다. 갈 때 평균 24.78초 걸리고 올 때 평균 27.10초가 걸려서, 돌아올 때가 평균 2.32초 늦었다.

그래도 이것만으로는 확실하지 않다고 느끼지 않는가. 그래서 이번에는 대조 실험을 해 보았다. 단어 카드의 내용을 바꾼 것이다. 카드에는 스피드 있는/도전적인/스포츠/부지런한/신입사원/승진/승리/열정적인/유행을 따르는 등의 젊음을 연상시키는 단어가 적혀 있었다.

그 결과는 다음과 같았다. 갈 때에는 평균 26.10초가 걸렸고 올 때에는 평균 23.64초가 걸려서 평균 2.46초가 빨라졌다. 속도만 변한 것이 아니라 모든 참가자의 걸음걸이가 올 때가 훨씬 씩씩했다. 재미있는 것은 이 실험의 참가자들은 그 누구도 자신의 걸음걸이와 속도가 달라졌다는 것을 알아차리지 못했다는 것이다. 결국 그들은 자신이 무심코 한 생각에 지배당하고 변화되고 있으면서도 알아차리지 못하고 있었던 것이다.

이 실험은 원래 심리학계에서 아주 유명한 실험 중의 하나로 최초 실험 설계자는 예일대 심리학과의 존 바그 교수였다. 존 바그 교수는 인터뷰에서 이렇게 말했다. "어떤 단어에 노출되면 뇌의 전운동피질(premotor cortex)은 정확히 이에 맞는 방식으로 수행할 태세를 갖춥니다. 이것은 의도적으로 그렇게 수행하는 것과 차이가 없습니다. 따라서 말은 엄청나게 강력한 효과를 가집니다." 이상의 실험 결과를 다음과 같이 정리해 볼 수 있다.

- 원래 우리 몸(행동)은 뇌의 지배를 받는다.
- 말은 뇌를 지배한다.
- 따라서 말이 뇌를 통해 몸(행동)을 지배한다.

이렇게 말에는 행동뿐만 아니라 나아가 인생을 좌우하는 힘을 갖고 있다. 단순히

그 단어에 부지불식간에 노출되는 것만으로도 우리의 행동이 변한다. 따라서 말은 알게 모르게 우리의 행동을 지배한다.

그럼 이제 여기서 과연 말이 나에게 어떤 효과를 주는지 직접 경험하는 시간을 가져보자. 약간 번거롭더라도 반드시 여기서 제시하는 실험을 직접 해 보기를 권한다. 실험은 몇 분 걸리지 않지만 말(확언)의 효과를 온몸으로 확인하게 될 것이다.

- 첫째 '나는 왜 자꾸 혀가 꼬이지'를 20번 정도 큰 소리로 천천히 말해 보라. 이제 아무 책이나 펼치고 한 쪽을 소리 내어 읽어 보라. 어떻게 읽히는가?
- 둘째 '나는 왜 혀가 술술 잘 돌아가지'를 20번 정도 큰 소리로 천천히 말해 보라.

이제 아무 책이나 펼치고 한 쪽을 소리 내어 읽어 보라. 어떻게 읽히는가?

거의 모든 독자들이 첫 번째 실험에서는 혀가 꼬이거나 굳으면서 소리가 잘 안 나오고, 두 번째 실험에서는 혀가 부드럽게 움직이면서 소리가 잘 나오는 것을 경험했을 것이다. 실제로 나는 이 실험을 20여 명이 모인 확언 워크숍에서 여러 번 해 보았다. 항상 첫 번째 실험을 할 때에는 대부분이 혀가 꼬이거나 말을 더듬거렸고, 두 번째 실험을 할 때에는 입 안에 윤활유를 바른 듯 혀가 잘 돌아가면서 소리도 수월하게 냈다.

참고로 우리는 종종 어려운 상황에 처하면 '왜 자꾸 안 되지?'나 '나는 왜 이 모양이지?' 등의 생각을 무심코 하게 된다. 바로 이 생각이 나를 더 어렵게 만든다는 것을 모르고 '부정적인 상황 → 부정적인 생각 → 더 부정적인 상황 → 더 부정적인 생각'의 악순환에 빠지게 된다. 하여튼 바로 이것이 말의 힘이다.

부자가 되는 유일하고 가장 확실한 비결은 믿음이다

돈을 버는 데에 믿음이 얼마나 중요한지는 몇 사람의 부자들만 보아도 알 수 있다. 고 정주영 회장은 늘 이렇게 말하곤 했다. "무슨 일을 시작하든 된다는 확신 90%와 반드시 되게 할 수 있다는 자신감 10% 외에 안 될 수도 있다는 의심은 단 1%도 갖지 않는다." 누구나 알다시피 정주영 회장의 삶 자체가 이 말이 진실이었음을 증명한다.

요즘 전 세계인의 우상으로 떠오른 스티브 잡스는 2005년 6월 14일 스탠퍼드대 졸업식에서 기념 연사로 나서서 자신의 인생에서 얻은 몇 개의 교훈을 말했다. 다음이 그중의 하나이다.

"여러분은 반드시 무언가는 믿어야 합니다. 배짱이든, 운명이든, 인생이든, 카르마든 무엇이든 간에. 이런 믿음이 나를 실망시킨 적은 없습니다. 그 믿음이 내 인생의 모든 성과를 만들었습니다."

여러분은 반드시 무언가는
믿어야 합니다.
베짱이든, 운명이든, 인생이든,
카르마든, 무엇이든 ….

이렇게 잡스도 자신의 성공 비결로 확고한 '믿음'을 강조하고 있다. 모두가 불가능하다고 하는 것도 잡스가 말하면 다들 가능하다고 믿게 되어서, 잡스 때문에 '현실 왜곡장'이라는 신조어가 생겼다는 말이 있을 정도로 그의 믿음은 강력했다.

마지막으로 이번에는 인류 역사에서 최고의 부자(그의 자산 가치는 현재 빌 게이츠 재산의 3배 정도라는 평가가 있다)로 일컬어지는 록펠러에 대해 말해 보자. 가난한 집안에서 태어나 변변찮은 창고 회계 일을 하던 록펠러는 우연히 당시에 태동하던 석유의 사업 성장성에 눈을 뜨고, 그때까지 모은 전 재산을 털어 24살에 정유회사를 차린다. 하지만 27살까지도 사업은 비틀거린다. 그러던 어느 날, 록펠러는 당시의 철도 재벌 밴더빌트에게 사업 관련 초청을 받는다. 그래서 클리블랜드에서 뉴욕으로 가는 기차를 타려는 당일에 하필 마차가 고장이 나서 간발의 차이로 이 기차를 놓친다.

그런데 이 기차는 높은 철교 위에서 전복되어 탑승자 대부분이 죽게 된다. 천만다행으로 살아나고 평소에 독실한 기독교도였던 록펠러는 하느님이 목적이 있어서 자신을 살려 주었다고 확신한다. 더 구체적으로 그는 이렇게 확신한다.

"나는 사업에서 성공하도록 하느님께 선택받았어!" 이런 강한 확신은 그를 완전히 바꾸어 버린다. 파산의 위기로 기죽어 있던 그는 확신이 온몸에 가득한 당당한 사람으로 환골탈태한다. 그 이후 사업에 어떤 위기가 생기든 자신은 하느님의 선택을 받았으므로 당연히 이겨낼 것이라고 믿게 된다. 그 결과 그는 세계 최고의 엄청난 부자가 된다.

정주영, 잡스, 록펠러. 그들의 시작은 아주 미약했다. 정주영은 가난한 농사꾼의 아들로 겨우 소학교를 졸업했고, 잡스는 학비가 없어서 대학을 자퇴했고, 록펠러는 떠돌이 사기꾼의 가난한 아들로 초등학교만 졸업했다. 다들 남들보다 못 배웠고 돈도 없었다. 그들의 유일한 차이점이자 성공 비결을 들자면 앞서 말한 '믿음' 그것 하나뿐이었다. 그들은 모두 믿음 하나만으로 가난에서 벗어나 세계의 갑부 대열에 들었던 것이다.

"된다고 믿으면 돼!"

확언으로 믿음도 만들 수 있다

"하지만 나는 그런 믿음이 없는데 어떡하라고?" 많은 독자들은 믿음이 부의 원천이라는 내 말에 당연히 이런 의문이 들었을 것이다. 이에 관한 해결책도 마련해 두었다. 앞서 말한 나폴레온 힐의 『생각으로 부자가 되어라』에는 역사상 최고의 부자 중하나였던 철강왕 카네기가 부를 이룬 비결이 나온다.

몰락한 가내수공업자의 아들로 태어난 카네기는 초등학교도 제대로 마치지 못하고 13살부터 공장 직공으로 돈을 벌어 살림을 도와야 하는 혹독한 가난에 시달렸다. 16살에 카네기는 겨우 주급 2달러 50센트를 받는 전보 배달원이었지만, 43살 때는 미국 최대의 강철 공장을 만든 백만장자가 되었다. 그리고 마침내 1901년 67살에 그는 그의 공장을 4억 8000만 달러에 매각하는데, 이 돈은 2000년대의 가치로 보면 무려 100억 달러가 넘는 돈이라고 한다.

결국 그는 자신만의 부자 공식으로 무려 우리 돈 100조가 훨씬 넘는 돈을 벌어들인 것이다. 그뿐만 아니라 당시에 카네기의 이 공식을 배워 부자가 된 사람도 수천 명이 넘는다고 한다. 그중에는 카네기의 부자 공식을 책으로 써서 널리 알린 나폴레온 힐도 포함된다. 그는 카네기의 부자 공식으로 전 세계에 수천만 부 이상 팔린 초대형 베스트셀러의 저자가 되었고, 당연히 백만장자도 되었다. 다음이 카네기가 직접 밝힌 부의 공식이다.

| 카네기 부자 공식 |

[1단계]

먼저 벌고 싶은 돈의 정확한 액수와 그 돈을 언제까지 얻고 싶은지와 그 돈에 상응하는 대가로 어떤 상품이나 서비스를 제공할 것인지를 다음과 같은 형식으로 적어라. 그 다음에 방해받지 않고 집중할 수 있는 조용한 곳으로 가서, 눈을 감고 이것을 소리 내어 읽으면서 들어라.

나는 ○○○○년 ○월 ○일까지 내 손에 ○○○○○원을 갖게 될 것이다. 목표 시간이 될 때까지 다양한 액수의 돈이 꾸준히 들어와서 결국 이 액수가 될 것이다. 나는 이 돈에 상응하는 대가로 나의 가능한 최선을 다해서 최상의 서비스와 상품을 제공할 것이다. 나는 마침내 내가 이 돈을 내 손에 갖게 되리라 믿는다. 나의 믿음은 너무나 강렬해서 내 눈 앞에서 그 돈이 보인다. 나는 그 돈을 내 손으로 만질 수도 있다. 그 돈은 지금 시시각각 내게 오기를 기다리고 있으며, 내가 상응하는 대가를 지불하는 만큼에 비례해서 들어올 것이다. 나는 이 돈을 벌 행동 계획(action plan)을 기다리고 있고 나는 생각나는 대로 그 계획을 실천할 것이다.

나는
○○○○년 ○월까지
10억을 갖게 될 것이다.

[2단계]

이것을 밤낮으로 날마다 목표액을 상상 속에서 볼 수 있을 때까지 반복하라.

[3단계]

이것을 적은 종이를 아침 저녁으로 볼 수 있는 장소에 두고 아침에 일어나서, 저녁에 잠들기 전에, 읽으면서 암기하라.

이상의 내용을 정리하자면 원하는 것을 자꾸 반복해서 생각하고 말하고 상상함으로 써 믿음이 생긴다는 것이다. 이에 관해 나폴레온 힐은 이렇게 한마디로 정리한다.

"확언을 반복하는 것이야말로 믿음을 갖는 유일한 방법이다."

2007년에 저명한 동기부여 강사인 브라이언 트레이시가 내한해서 80분 정도의 강 의를 하고 무려 8억 원을 받는다. 강의 참석자들은 그 당시에 무려 300만 원씩 내고 기꺼이 그의 강의를 들었다. 이 강의에서 그가 부와 성공을 위한 가장 중요한 비결 을 밝힌다. 다음이 그 내용인데 역시나 나폴레온 힐의 20년 연구가 옳음을 실증하 고 있다.

미국에서 25년 동안 기업들이 2,000만 달러의 엄청난 공동 자금을 마련해서 가 장 뛰어난 세일즈맨과 기업인들의 특징을 조사한다. 무려 35만 명에게 매주 전화를 걸어 지금 어떤 생각을 하고 있는지 물어보고 기록하는 작업을 2년 동안 반복했다. 그 결과 가장 성공한 10%의 특징이 나왔다.
'그들은 자신이 원하는 것이 무엇인지를 늘 생각했다'

1930년대에 나폴레온 힐이 그의 책에서 이 방법을 발표한 이후로 수많은 사람들이 이 방법으로 부자가 되었는데 그중의 한 명이 이소룡이다. 미국 영화계에서 한창 고전하던 그는 1969년 1월에 카네기의 방법대로 다음과 같은 확언문을 만든다. 과 연 그의 이 확언은 어떻게 되었을까?

"나, 이소룡은 미국에서 가장 많은 돈을 받는 동양인 슈퍼스타가 될 것이다. 나는 그 대가로 가장 화려한 액션과 최고의 연기를 보여줄 것이다. 1970년부터 나는 세

계적인 명성을 얻으면서 1980년 말에는 1000만 달러를 내 손에 쥐게 될 것이다. 나는 내가 기쁜 대로 살면서 내면의 조화와 행복을 달성할 것이다."

이소룡은 1966년 27살에 「그린 호넷」이라는 TV 액션 시리즈물에서 조연 카토로 출연하여 화려한 액션 연기로 주인공보다 더 큰 인기를 얻게 된다. 이후 미국의 여러 드라마 및 영화 제작자로부터 몇 번이나 중요한 역할을 제의받지만 결국 모두 무산된다. 그가 아무리 액션 실력이 탁월하다고 해도 당시 미국 영화계는 인종 차별이 극심해서 중국인인 그를 쓰려고 하지 않았기 때문이다.

이렇게 몇 년 동안이나 할리우드에 진출하려고 애썼으나 결국 모두 실패하자, 1971년에 그는 19살에 떠나온 고향인 홍콩으로 다시 건너가 길을 찾는다. 중국인이라고 멸시하던 미국 영화계와 달리 미국에서 조연 카토로 큰 인기를 얻었다는 사실 자체만으로도 홍콩 영화계는 존경의 시선을 주었다. 이에 「당산대형」이라는 영화에서 바로 주연을 꿰찼고 이 영화가 아시아 전역에서 큰 인기를 얻는다.

이에 「정무문」을 연달아 성공시키고 곧 이어 「맹룡과강」에서는 자신이 직접 감독과 각본과 주연과 안무까지 도맡아 또 대박을 친다. 이렇게 연달아 3개의 영화가 아시아를 석권하자, 바위처럼 꿈쩍 않던 할리우드가 드디어 먼저 그에게 다가온다. 그래서 1973년에 드디어 할리우드의 워너브라더스와 손잡고 「용쟁호투」를 찍게 된다. 이 영화는 그해 최고의 수익을 올렸고, 2010년까지 전 세계에서 무려 2억 달러의 수익을 거두었다. 결국 이렇게 그의 확언은 모두 달성되었던 것이다.

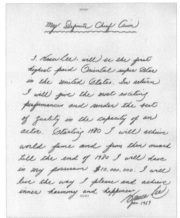

이소룡의 자필 확언문

돈은 내 마음에 반응하는 에너지다

- "모든 것이 오직 마음이 만든 것이다(일체유심조 一切唯心造)." – 화엄경
- "그의 마음속으로 생각한 것처럼 그대로 그는 될지니." – 성경 잠언 23:7
- "사람은 자신이 생각한 바대로 그렇게 된다." – 에머슨
- "네게 보이는 세상은 원래의 세상에 네가 부여한 의미이니 그 이상이 아니다. 하

178

지만 그 이상은 아니지만 또한 그 이하도 아니다. 그래서 보이는 세상이 네게는 중요하다. 그것은 네 마음의 상태를 증언하고 있으니, 곧 네 내면 상태가 바깥에 투사된 영상이다. 인간은 생각하는 대로, 그렇게 세상을 본다." – 기적수업

앞에서 보다시피 일찍이 동서양의 많은 선각자들은 우주의 삼라만상이 모두 마음의 반영이라고 말해왔다. 과연 그렇다면 돈은 어떨까?

개리 크레이그는 1970년 31살에 생명보험 영업사원으로 한 해에 1만 8,000달러를 벌고 있었다. 그는 당시에 이 일을 5년째 하고 있었지만 이 연봉으로는 세 아이와 아내를 부양하는 것만으로도 빠듯했다. 개리는 더 큰 능력이 있다는 자신감은 있었지만, 평생 싫어하는 일을 하며 일생을 쪼들리게 산 아버지의 영향으로 많은 돈을 벌 수 있다는 생각을 감히 하지 못했다.

  그러다 그는 한 자기 계발 세미나에서 딕 오클리라는 사람을 만났다. 그는 돈

문제로 힘들어하는 개리를 보며 이렇게 말했다. "자네의 마음에는 브레이크가 걸려 있어." 개리는 그의 말에 뭔가 느낀 바가 있어, 그의 조언을 받아서 마침내 확언을 하나 만들었다.

"나는 쉽게 꾸준히 해마다 4만 달러를 번다."

그는 이 확언을 하루에 20~30번씩 반복했다. 그는 이것을 종이에 적어서 아침을 먹으면서 두세 번씩 읽기도 했다. 운전하는 동안에도 확언을 반복했고 간식이나 저녁을 먹을 때도 반복했다. 자기 직전에도 반복했다.

그러면서 그는 확언이 이루어진 상황을 상상했다. '나는 미국에서 가장 저명한 생명보험 전문가야. 늘 전국에서 강의를 해달라는 요청이 들어와. 나에게는 20여 명의 부하 직원들이 있어서 나의 고객들을 관리해…' 그는 이런 상상을 하면서 황홀한 행복감에 젖어들고는 했다. 이렇게 두세 달이 갔지만 현실에서는 사실 아무런 변화가 없었다. 그런데 석 달째가 되자 그의 마음속에 작은 영감이 떠올랐다. '큰손 고객을 찾아가 보면 어떨까?' 지금까지 그는 지레 기가 눌려서 큰손 고객을 찾아가 보지 못했다. 그들은 자기보다 위에 있는 것 같았고, 내가 그들을 찾아가면 귀찮아할 것 같았고, 자기가 너무 애송이라서 무시당할 것 같은 느낌만 잔뜩 들었다.

하지만 확언을 하고 상상을 한 지 석 달이 되자 이런 두려움이 많이 줄고 한 번 해 볼 만하다는 자신감이 생겼다. 그래서 그는 큰손 고객들이 마치 친한 친구나 친척을 대하는 것처럼 자신을 환대해 주는 상상을 하기 시작했다. 종종 이런 상상을 했고 그러자 큰손 고객에 대한 마음이 점차 편안해짐을 느꼈다.

마침내 그는 사업을 하는 고객들을 찾아가기 시작했다. 그런데 뜻밖에도 큰손 고객들의 상당수가 개리의 고객이 되었고 심지어 친구가 되기도 했다. 그들은 보험의 필요성에 많이 공감했고 일단 공감하면 큰 액수를 선뜻 주문했다. 오히려 그들은 일반 고객들보다 거래하기가 훨씬 쉽고 재미있었다. 이런 상황이 벌어지니 개리는 '왜 진작하지 않았을까?' 하는 때늦은 아쉬움이 들기도 했다.

그 결과 개리는 1년에 4만 달러를 벌게 되었고, 확언한 액수를 6만 달러로 올려 또 그 액수를 벌게 된다. 더 나아가 8만 달러, 10만 달러, 마침내 40만 달러까지 벌게 되면서 돈에는 더 이상 흥미가 생기지 않아 영적인 추구를 목표로 했다. 확언하고 수입이 올라갈수록 그의 마음은 더 풍요로워졌고 이 과정에서 마침내 다음과 같은 깨달음과 결론을 얻게 되었다.

"돈은 돈에 관한 내 생각을 반영하는 에너지에 지나지 않는다!"

돈에 관한 확언을 하는 방법

앞에서 카네기의 확언 방법을 소개했는데 여기서는 EFT의 창시자이자 확언의 대가인 개리 크레이그의 확언 방법을 간략하게 소개해 보겠다.

① 정말로 원해야 한다. 당위적인 것은 안 된다.

② 원하는 것을 긍정적 표현으로 확언하라.

③ 현재 당신의 믿음으로 가능성이 있는 것부터 확언하라.

④ 목표는 현실과 적당한 거리가 있어서 흥분될 정도여야 한다.

⑤ 확언은 일인칭 현재형으로 진술하라.

⑥ 확언하고 생생하게 상상하라.

⑦ 타인을 확언의 대상으로 삼지 말라.

⑧ 확언은 되도록 자신만 알도록 하라. 모르는 사람들은 비웃을지도 모르니까.

⑨ 확언이 실현될 방법에 대해서는 생각하지 말라. 방법은 확언하다 보면 떠오르게

된다.

⑩ 확언을 하다가 심리적 저항이 생기면 EFT로 제거하라.

나는 여기에서 철강왕 카네기와 개리 크레이그의 확언론, 에밀 쿠에의 자기 암시법 등을 모두 참고하고, 더불어 다년간의 나의 확언 경험과 강의 경험과 기타 연구를 참고하여 나름대로 가장 효율적인 확언 방법론을 확립했다.

| 최인원의 확언 방법론 |

1) 벌고 싶은 액수를 정하라.

대체로 현재 소득의 1.5~2배 정도가 적당하다. 그 이상이 되면 마음속에서 의심과 거부감이 심하게 올라올 수 있기 때문이다. 처음부터 너무 큰 욕심을 부려서 너무 큰 액수를 확언하지 말고 차츰차츰 액수를 올려가는 것이 훨씬 좋다.

2) 이 목표를 일인칭 현재 시제로 표현해 보라.

미래 시제보다는 현재 시제가 느낌이 강렬하기 때문이다. 예를 들어 '나는 매달 4,000만 원을 벌 것이다'보다는 '나는 매달 4,000만 원을 번다'나 '나는 매달 4,000만 원을 벌고 있다'가 더 좋다.

3) 필요에 맞게 확언에 부사어를 활용하자.

어느 날 한 사람이 내게 말했다. "선생님께 확언을 배워서 소득은 2배로 올랐는데요, 문제는 너무 힘들었어요."

"돈을 버는 것은 힘들고 어렵다는 생각이 깔려 있어서 그래요. 확언에다가 쉽게 편하게 같은 말을 넣어서 해 보세요." 그리고 몇 달 뒤에 이분이 말했다.

"선생님 요즘 정말 쉽게 벌어요." 다음과 같은 부사어들이 들어가면 좋다. 쉽게, 재미있게, 꾸준히, 즐기면서, 술술, 잘, 쉬엄쉬엄, 편하게, 편안하게, 여유 있게, 주 5일 하루 5시간만 일하면서 등.

기본 확언	부사어가 추가된 확언
나는 매달 4,000만 원을 번다.	나는 주5일 하루 5시간만 일하면서 매달 4,000만 원을 쉽게 재미있게 편하게 꾸준히 번다.

4) 확언이 이루어진 상황을 상상해 보라.

만약 당신의 확언이 이루어진다면 당신의 삶이 어떻게 될까? 그 상황을 글로 적어 보고 그 다음에 이것을 머릿속에도 그려 보라.

확언의 예	상상의 예
나는 주5일 하루 5시간만 일하면서 매달 4,000만 원을 쉽게 재미있게 편하게 꾸준히 번다.	1. 잠실에서 30평 아파트에 전세로 살다가 같은 단지 50평대 남향 15층 아파트를 사서 싹 수리해서 이사했다. 남향이라 하루 종일 햇볕이 들고, 고층이라 전망이 좋아서 기분이 상쾌하다. 집이 넓어져서 큰 방 하나를 서재로 만들어 처박아 두었던 책들을 모두 진열하니 기분이 날아갈 듯하다. 2. 10년이나 된 낡은 구형 차를 팔고 벤츠 S클래스를 샀다. 새 차의 가죽 시트 냄새가 오히려 향기롭다. 차가 힘이 좋아서 고속도로에서 금세 다른 차를 제치니 기분이 날아갈 듯하다. 이 차를 타고 주말마다 교외로 나가는데 승차감이 나무랄 데 없이 좋다. 3. 부모님 댁의 가전과 가구가 너무 낡아 이참에 5,000만 원을 들여 싹 바꿔드렸다. 부모님이 최상급 화질의 60인치 화면의 TV를 보면서 TV 볼 맛 난다고 좋아하신다.

5) 다음과 같이 비전 보드를 만들어라.

첫째, 코르크 보드를 준비한다. 둘째, 앞에서 만든 확언을 종이에 적어서 압정으로 붙인다. 셋째, 4번에서 상상한 내용을 나타내는 그림이나 사진들을 인터넷에서 다운받아서 인쇄해서 확언 문장 아래에 압정으로 붙인다. 이밖에도 문서 작성 프로그램이나 블로그를 활용하여 이런 형식의 문건을 만들어도 좋다.

그런데 사진이나 그림이 왜 그렇게 중요할까? 이에 관해 일찍이 철강왕 카네기는 자신이 부를 이룬 비결에 대해서 나폴레온 힐에게 이렇게 설명했다. "자수성가한 사람이 얻은 모든 부와 물질은 그가 그것을 마음속에 뚜렷하게 보는 데에서 비롯된다." 나는 이것을 내 방식대로 다음과 같이 종종 말한다.

"자꾸 보면 믿게 된다."

6) 하루에 2번 이상 비전 보드를 보면서 확언하고 상상하라.

아침 저녁으로 최소한 하루에 2번 이상은 확언하고 상상하라. 물론 하루 중에도 여러 번 확언과 상상을 해도 좋다.

7) 만약 목표를 이룰 방법을 찾는 데에 좀 더 집중하고 싶다면 다음과 같이 확언을 하는 것도 좋다.

"나는 매달 _____가 쉽게 저절로 들어온다."
"나는 매달 _____가 쉽게 저절로 들어올 방법들이 잘 생각 나서 꾸준히 그것을 실천한다."

8) 확언을 반복하면서 아이디어가 생기면 즉각 실천하라.
이렇게 한동안 확언과 상상을 꾸준히 반복하다 보면 안테나 원리에 의해서 확언을 이룰 방법들이 하나씩 생각나기 시작한다. 그럴 때마다 바로 실천을 시작하라. 실천하는 만큼 더 좋은 아이디어가 자꾸 떠오르게 된다. 안테나 원리에 대해서는 다음 장에서 자세히 설명할 것이다.

여기서 한 가지 주의 사항이 있다. 많은 사람들이 목표를 한 번에 이룰 완벽한 방법을 기대하는데, 사실상 다양한 방법을 시도하고 실천하다 보면 목표를 달성하는 경우가 더 많다. 방법 a를 실천해서 일단 A에 이르러 목표에 다가가고, 또 다시 b를

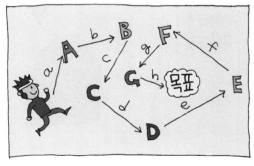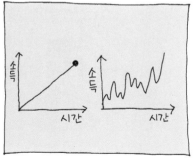

실천해서 더 다가간다. 때로는 방법 c나 e처럼 실천했는데 도리어 목표에서 벗어나거나 멀어질 수도 있다. 하지만 괜찮다. 목표까지 한번에 직행으로 도달하는 그런 경로는 많지 않다.

대체로 성공의 경로는 좌충우돌하면서 굽이굽이 돌면서 목표에 도달하는 것이 대부분이다. 중요한 것은 목표에 도달할 때까지 확언과 상상을 꾸준히 하고, 떠오르는 아이디어를 꾸준히 실천하는 것이다. 게다가 소득의 상승도 직선이 아니라 오르막내리막을 반복한다. 그러니 흔들리지 말고 확언을 반복하라.

그럼 확언을 하면 도대체 무엇이 어떻게 바뀌는 것일까? 예를 들어 현재 월소득이 약 2천만 원인 갑돌이가 '나는 매달 4천만 원이 쉽게 들어온다'는 확언을 한다고 해보자. 그는 확언을 하면서 다음 쪽과 같은 변화를 겪게 될 것이다.

확언을 지속할 때 생기는 심리적 변화의 단계	각 단계에 따른 구체적인 생각과 감정들
1. 의심하고 거부하는 단계	절대 안 돼. 무슨 수로. 웃기지 않아? 이런다고 돼? 네 통장 잔고를 봐! 눈을 뜨고 현실을 봐! 이게 네가 가진 전부야! 참 웃기는 짓 한다고 생각하지 않아? 이런다고 되겠어? 내가 이러는 줄 알면 남들이 뭐라고 하겠어! 참 바보 같은 짓이야. 이때 의심과 거부가 너무 심하면 EFT로 이런 생각과 감정을 지우는 것이 중요하다!
2. 반신반의하는 단계	꾸준히 하면 정말 될까? 이런다고 손해 보는 것은 없잖아? 해서 안 돼도 밑져야 본전이지! 좋은 것 믿어서 나쁠 것은 없잖아.
3. 소망하는 단계	정말 그렇게 되면 얼마나 좋을까! 돈 많은 사람들 보니 확실히 좋아! 나도 4천만 원 벌면 저렇게 살겠지. 나도 저렇게 살 수 있다면 얼마나 좋을까? 언젠가는 될 수도 있겠지?!
4. 열망과 확신을 갖는 단계	이제 정말 그렇게 벌고 싶어. 마침 돈을 버는 방법들도 보여. 이제 막 그런 방법들을 다 해 보고 싶어. 그 돈이 막 들어올 거 같아. 돈이 들어오는 것은 진짜 시간 문제야.
5. 영감이 생기고 실천하는 단계	돈을 벌 방법들이 보여. 돈을 벌 방법들이 생각나. 나는 이 방법들을 할 거야. 몇 개는 해도 안 되지만 몇 개는 효과가 좋은 것 같아. 시행착오가 있지만 그 돈이 눈앞에 보여서 실천을 멈출 수가 없어.
6. 목표를 달성하는 단계 	마침내 이번 달에 4천만 원이 들어왔어. 등반가가 14좌를 완등한 기분이 이럴 거야. 온갖 우여곡절을 겪었지만 그 모두가 재미있고 즐거웠어. 이제는 더 높은 목표, 한 달에 6천만 원에 도전하고 싶어. 돈보다도 나의 목표를 달성했다는 성취감이 더 좋아!

188

창의성과 직관:
언제 어디서나 내가 원하는 것을 할 수 있는 방법은
늘 존재한다.

안테나 원리: 무의식 주파수에 맞는 것만 보인다.

오래 전에 내가 경제적으로 최악의 상황에 빠져 있을 때 번화가에 나가면 내 눈에 보이는 모든 것은 모두 이런 것들이었다. 파리 날리는 가게, 손님은 없고 주인만 있는 식당, 폐업 안내문, '폐업 총정리'를 알리는 현수막, 장사가 안 되어 문 닫은 가게 등. 이런 것을 보면서 늘 이런 생각이 들었다. '요즘 역시 불경기야. 돈 버는 것은 역시 힘들어. 한다고 되는 게 뭐가 있겠어!'

그런데 그 상황에서 벗어나 돈이 좀 들어오자 그때부터는 이런 것들만 보이기 시작했다. 늘 손님이 그득한 냉면집, 장사가 잘 되어서 확장하는 가게, 손님이 줄 서서 기다리는 고로케 가게, 막 유행을 타서 문 열자마자 대박을 치는 빵집, 가격이 비싼데도 손님이 가득한 스파게티 집 등. 이런 것을 보면서 으레 이런 생각이 들었다. '경기가 나쁘다는데 잘 되는 데는 역시 잘 돼. 저기는 뭘 해서 저렇게 손님이 많을까? 어떡하면 나도 저렇게 잘 될까?'

그런데 여기서 잠시 생각해 보자. 내게 돈이 없을 때의 세상이 내게 돈이 생긴 이

후에 완전히 바뀌었을까? 당연히 아니다. 객관적인 경제 지표로는 나에게 돈이 들어올 때가 훨씬 불경기였으니까. 그러니까 결국 이 두 개의 180도 다른 세상이 생긴 원인은 딱 한 가지밖에 없다. 그렇다. 바로 내 마음이 바뀌었던 것이다. 이와 관련해서 『기적 수업』이라는 영성 서적에는 다음과 같은 아주 뜻 깊은 구절이 나온다.

"세상은 네 마음의 상태를 증언하고 있으니, 곧 네 내면 상태가 바깥에 투사된 영상이다. 인간은 생각하는 대로 그렇게 세상을 본다."

이상의 구절을 나는 돈과 관련해서 이렇게 정리해 보고 싶다.

"가난한 마음은 가난한 세상만 보고 가난하게 살고, 부유한 마음은 부유한 세상을 보며 부유하게 산다."

왜 이런 일이 일어날까? 우리들 마음의 기본적인 속성이 라디오 안테나와 같기 때문이다. 공기 중에는 수많은 방송 전파들이 있지만 하나의 라디오 채널은 딱 하나의 방송만 들려준다. 안테나는 주파수에 맞는 전파만 포착하기 때문이다. 우리의 마음도 이와 똑같다. 그래서 개리 크레이그는 이런 마음의 원리를 '안테나 원리'라고 이름 붙여서 설명하기도 한다.

안테나 원리는 확언이 실현되는 데에 아주 중요한 역할을 한다. 많은 사람에게 확언을 가르칠 때마다 내가 제일 많이 듣는 말이 이것이다. '그런데 무슨 방법으로 그 돈을 벌어요?' 바로 이 방법을 안테나가 찾아준다는 것이 아주 중요하다. 한 마디로 우리가 확언으로 마음의 상태를 바꾸면 이것을 이룰 수 있는 방법은 저절로 떠오르게 된다. 개리 크레이그는 안테나의 원리와 확언의 관계에 대해서 늘 다음과 같이 말한다.

"내가 원하는 것을 할 수 있는 방법은 언제 어디서나 늘 존재한다. 원하는 것을 확언하면 무의식의 안테나가 그것을 찾아준다."

나는 또 이렇게 표현한다.

"된다고 생각하면 되는 방법이 보이고, 안 된다고 생각하면 장애물만 보인다. 된다고 생각하면 되는 방법을 만들고, 안 된다고 생각하면 핑곗거리만 찾는다."

이런 안테나 원리는 일찍이 심리학계에서도 증명된 사실이다. EBS 다큐멘터리 「인간의 두 얼굴 II」에는 이런 실험이 나온다. 생김새와 성별이 다른 연기자 5명이 대학로에 선다. 이들 중 한 명이 지나가는 행인을 붙잡고 물어본다. 한참 길을 물어보는데 그 둘 사이로 갑자기 큰 간판이 지나간다. 간판이 행인의 눈을 가리는 사이에 간판 뒤에서 길을 물어보던 사람이 다른 연기자로 대체된다. 어떻게 될까? 바로 앞에서 사람이 바뀌니 당연히 행인들은 눈치를 챌까? 만약 독자 여러분이 그 행인이라면 어떨 것 같은가?

그런데 놀랍게도 80%의 행인들이 자기 앞에 선 사람이 바뀌었다는 것을 전혀 눈치 채지 못했다. 심지어 20대 남성이 50대 남성으로 바뀌어도, 20대 남성이 20대 여성으로 바뀌어도 전혀 눈치 채지 못했다. 게다가 이 다큐멘터리에서는 한 번 더 확인하기 위해서, 환자 앞에서 의사가 바뀌는 실험을 해 본다.

세 명의 연기자가 의사로 분장한다. 한 명의 가짜 의사가 환자를 진찰하는 동안, 두 명의 가짜 의사는 책상 밑에 숨어 있다. 진찰중인 의사가 우연인 척 볼펜을 떨어뜨리고 볼펜을 주우려고 책상 밑으로 몸을 숙이는 동안 다른 의사로 바뀐다. 이런 과정에서 무려 3명의 의사가 환자의 눈앞에서 바뀌지만 역시 알아차리지 못한다!

과연 우리가 사실을 사실 그대로 보는 것이라면, 있는 것을 있는 그대로 보는 것이라면, 도대체 왜 사람이 눈앞에서 바뀌는데도 80% 정도의 사람들이 보지 못하는 것일까? 혹시 우리는 '있는 것'을 보는 것이 아니라, '있다고 믿는 것'을 보는 것이 아닐까?

이 다큐멘터리의 또 다른 실험 하나를 보자. 다양한 연령대의 부부 7쌍이 한 실험에 초대된다. 그 전에 이들에게 모두 독사진을 한 장씩 제출하게 한다. 심리학자는 이 사진들을 바탕으로 4장의 사진을 합성한다. 2장은 눈을 작게 만들거나 볼을 키우는 등의 방법으로 못 생겨 보이게 만들고, 다른 2장은 반대로 더 예뻐 보이게 만든다. 이후 이들 부부쌍에게 부부 관계 만족도를 설문지로 조사하여 점수를 매긴다.

이제 아내들 7명을 의자에 앉게 한 다음 각각의 남편 사진 5장을 봉투에 넣어 제시하며 어느 것이 실제 남편 모습인지 고르게 한다. 그 다음에 남편들도 역시 이 과정을 겪는다. 흥미롭게도 부부 관계 만족도가 높은 커플은 실제보다 잘 생긴 사진을 골랐고, 평균인 사람은 실제 사진을 골랐다는 점이다. 만족도가 제일 높은 부부의 아내에게 취재진이 말했다. "5장 중에서 실제 사진이 아닌 가장 잘 생긴 사진을 골랐어요." 그러자 아내가 정색하며 말했다. "아니에요, 이게 실제 사진이에요." 이상의 세 가지 실험에서 피실험자들은 다들 자기가 보는 것이 바뀐 것이라는 사실을 인지조차 못했다.

"사물은 있는 그대로가 아니라 우리의 생각대로 보인다."

위의 사진에서 무엇이 보이는가? 재미있게도 나이에 따라 이 사진은 다르게 보인다. 어른들에게는 두 연인이 보이고, 성을 모르는 어린 아이들에게는 9마리의 돌고래만 보인다. 이것도 역시 안테나 원리이다.

이 원리는 돈에도 그대로 적용된다. 우리가 확언과 상상으로 벌고 싶은 액수가 생기고 그것을 믿게 되면, 그 전에는 보이지 않던 돈 버는 방법들이 마치 세상이 바뀐 것처럼 보이기 시작한다. 돈을 잘 버는 사람들이 흔히 말하지 않던가.

"돈이 마구 걸어 다니는 게 보여."

실제로 나도 그랬다. 돈에 쪼들리는 마음이 풍요를 믿는 마음으로 바뀌자 어디를 가든 무엇을 보든 돈을 버는 아이디어들이 마구 보이기 시작했다. 결국 이렇게 말할 수 있다.

"돈이 없는 것이 아니라 철철 넘쳐흐르지만 못 보는 것이다."

이런 나의 주장에 이런 질문을 할지 모른다. "보통 때는 그렇겠지. 하지만 심각한 불경기에 무슨 돈이 있어." 그렇다면 인류 역사상 최악의 불황이 언제인가? 당연히 대공황이다. 그런 대공황기에도 안테나 이론으로 돈을 번 사람이 있었다. 그는 미국의 50대 부자에 들 정도로 부유했던 보험왕 클레멘트 스톤이다. 스톤은 세 살 때 아버지가 빚만 남긴 채 돌아가셨다. 여섯 살 때부터 신문팔이로 생계를 도왔으며 16살 때 어머니의 보험 판매 대리점에서 일을 하다 점차 탁월한 수완을 발휘하여 1929년에 벌써 자신의 보험회사를 갖고 있었다.

그러다 1929년 대공황이 발생하자 클레멘트 스톤의 보험회사도 당연히 영향을 받았다. 그의 회사는 미국 전역에 사무소가 있었고, 직원들도 1000여 명이나 되는 꽤 큰 회사였다. 그런데 역사상 최악의 대공황으로 증시가 폭락하고 수많은 공장이 문을 닫고, 수많은 사람들이 자살하는데 과연 누가 보험을 들겠는가? 당연히 많은 영업사원들도 이렇게 생각했다. "이런 대공황에서는 보험을 팔 수 없다." 그래서 상당수의 직원이 그만두는 바람에 직원 수가 135명으로 확 줄었다. 하지만 스톤은 안테나 원리에 맞게 이렇게 멋지게 생각했다.

"대공황이기 때문에 보험을 판매할 수 없는 것이 아니라 대공황에는 보험을 판매를 할 수 없다고 믿기 때문에 보험을 팔지 못하는 것이다!"

하지만 누가 이 말을 듣겠는가? 이에 일선에서 후퇴한 사장이지만 직접 보험을 판매하러 나선다. 게다가 더 고가의 상품을 팔겠다고 했다. 사람들이 놀라서 반발했다. "다들 굶어 죽는 마당에 고가의 보험을 어떻게 팔아요!" 그리고 왕년의 보험왕이었던 그는 다시 영업을 뛰면서 기존 기록을 다 갱신했다. 어마어마한 양을 팔아치운 것이었다. 그리고 그는 자신의 이런 영업 방식을 'PMA(Positive Mind Attitude, 적극적 정신 태도)'라는 프로그램으로 만들어 남은 135명에게 가르쳤다. 그리고 기적이 일어났다. 이 135명이 올린 매출이 기존 1,000명이 올린 매출을 훨씬 능가했던 것이다. 결국 직원들의 마음이 바뀌자 대공황기에도 돈이 보이고 돈을 번 것이다. 고 정주영 회장도 다들 피난가고 많은 사람들이 굶던 한국전쟁 통에도 미군 공사를 도맡으면서 돈을 쓸어 담았다.

편지함으로 매일 돈이 들어오다
무의식의 안테나가 얼마나 강력하게 작용하는지 보여주는 좋은 사례 하나를 보자.

도우 후퍼는 약 30년 전에 미국에서 꽤 유명했던 자기 계발 강사이자 저술가다. 그는 "당신은 당신이 생각하는 대로 된다(You are what you think)"라는 말을 자주 했고 이를 주제로 신문에 칼럼을 기고하고 강의도 하고 있었다. 그는 이에 관한 책을 시리즈로 여러 권 냈고 그 책을 보고서 인생이 바뀌었다는 사람도 많았다.

하루는 그가 우편함을 확인하는데 거의 대부분이 쓸데없는 광고지와 청구서였다. 이 순간에 후퍼는 문득 생각했다. "이게 모두 돈이라면 얼마나 좋을까? 나는 지금까지 늘 생각한 대로 된다고 말해 왔던 사람인데… 좋아, 이것도 한번 해 봐야겠군." 물론 과거에 그는 작은 액수의 수표를 우편으로 그저 몇 번 받은 적은 있었지만 꾸준히 돈이 들어온 적은 없었다.

광고지나 청구서 대신에 돈(수표)이 날마다 우편으로 들어온다는 것이 현실적으로 어떻게 가능하며, 그게 가능하다고 생각할 수 있는 사람이 몇 명이나 되겠는가? 하지만 그는 평생 확언과 상상으로 무엇이든 만들어낼 수 있다고 믿고 가르쳐 왔고 실천해 온 사람이었다. 그래서 그는 날마다 확언하고 상상했다. "날마다 수표가 우편으로 꾸준히 들어온다."

그는 한동안 확언과 상상을 계속하다 보니 정말 이렇게 믿게 되었다. 그래서 어느 날 저녁에 퇴근해서 아내에게 물었다. "혹시 우편으로 돈 들어온 것 있어?" "아뇨." 그는 불필요한 타인의 비판을 피하려고 확언하고 있다는 사실을 가족들에게도 비밀로 하고 있었다.

아무 변화 없이 몇 달이 지나갔다. 그동안에도 그는 이런 질문을 계속 아내에게 했고, 그때마다 아내는 "아뇨."라는 말을 반복하다가, 나중에는 질려서 "아~~니~~~~요!!!"라고 역정을 냈다. 이런 상황이 되자 아들들까지 수군거렸다. "그토록 똑똑하던 아버지가 요즘은 뭔가 이상해."

그래도 도우 후퍼는 확언과 상상을 계속했다. 그는 누구보다도 생각과 마음의 힘을 잘 아는 사람이었기 때문이다. 물론 그렇다고 그동안에 별일이 생기지도 않았다. 수표는커녕 그런 조짐도 방법도 보이지 않았다. 그럼에도 그는 꾸준히 확언하고 상상했다. 언젠가는 마침내 방법이 나타나리라는 것을 충분히 알았기 때문이다.

이렇게 무려 6개월이 지났다. 어느 날 그가 신문사에 들르게 되었다. 그는 이 신문에 '당신은 당신이 생각하는 대로 된다'라는 주제의 칼럼을 매주 기고하고 있었고, 그의 글은 인기가 많아 제법 많은 고정 독자가 있었다. 대화 도중에 편집장이 말했다. "선생님, 일부 독자들이 당신의 지난 기고문들을 보게 해달라고 편지로 문의하고 있어요." 이 순간 그의 안테나가 뭔가를 포착했다. "바로 이거야!"

그는 기고했던 칼럼들을 모아서 한 권의 책으로 만들었다. 그리고 신문에 기고하는 칼럼의 말미에 이런 말을 덧붙였다. '지난 기사를 보고 싶으면 소정의 액수를 우편으로 보내주세요.' 그러자 곧 우편으로 수표를 받기 시작했고, 7년

간 연재하는 동안 5~6일을 빼고는 늘 돈이 들어왔다. 그리고 그 책의 제목이 바로 『당신은 당신이 생각하는 대로 된다』였다.

나는 자고 있어도 돈이 들어온다

나는 오래 전에 도우 후퍼의 이 사례를 보고서 문득 이런 생각을 했다. '수표가 우편으로 들어올 수 있다면, 내가 자거나 노는 동안에도 돈이 들어올 수는 없을까?' 과거에는 이런 생각을 터무니없다고 치부하고 넘어갔겠지만 이번에는 달랐다. '맞아, 확언과 상상으로 무엇이든 가능해!' 그래서 확언을 했다. "내가 잠 자고 놀고 있는 동안에도 통장으로 돈이 들어온다." 그리고 나도 모르게 내 통장에 돈이 들어와 있는 모습을 상상했다.

그렇게 몇 달이 지나자 아이디어 하나가 떠올랐다. 바로 책을 쓰는 것이었다. 그래서 몇 년 동안 나는 6권의 책을 썼고, 7년 동안 꽤 쏠쏠한 금액의 인세가 자고 나면 종종 내 통장에 나도 모르게 들어와 있었다. 나는 자고 놀고 있는 동안에도 책은 꾸준히 팔리니까 그만큼의 돈이 들어오는 것이다. 이렇게 확언과 상상이 글자 그대로 이루어진 것이다. 이와 관련해서 카네기의 성공법을 널리 알린 나폴레온 힐이 늘 하는 말이 생각난다.

"당신이 믿을 수만 있다면 그 무엇이라도 이룰 수 있다."

시골에 가만히 앉아서 도시인들에게 무려 2천만 달러의 투자를 유치하다

1983년에 개리 크레이그는 두 번의 이혼으로 대부분의 재산을 위자료로 넘겨주었고, 샌프란시스코에서 차로 2시간 반 거리에 있는 시랜치 카운티로 이사했다. 이 카운티의 주민은 고작 300명이었다. 이때 그는 경제적으로 가장 힘든 시기여서 우선 돈부터 벌어야 했다. 이런 와중에도 개리는 새로운 사업이 하나 있었는데, 바로 몇십만 달러 정도의 자금을 투자회사에서 유치하는 일이었다. 그런데 가장 큰 문제는 개리가 인구는 고작 300여 명에, 샌프란시스코에서 차로 두 시간 반이나 걸리는 오지에 살고 있었고, 투자자들은 당연히 대도시인 샌프란시스코 인근에 살고 있다는 점이었다. 그가 만약 매일 1명의 투자자라도 만나려면 장장 5시간을 길에서 보내야 하는 상황이었다.

평범한 시각으로 보면 이런 상황에서 개리가 사업에 성공할 방법은 별로 없어 보였지만, 확언의 달인이자 태생이 골수 낙천가인 개리는 '나는 감당할 수 없을 정도로 손님이 많다'고 확언을 하고 많은 부유한 고객들이 개리의 사업에 투자하는 것을 생생하게 상상하기 시작했다. 도대체 이런 시골에 박혀 있는 개리에게 어떻게 투자자들이 올지 알 수 없었지만 개리는 '언제 어디서나 내가 원하는 것을 가질 수 있는 방법은 존재한다. 확언을 하면 무의식의 안테나가 이것을 찾아줄 것이다'라고 생각했고, 심지어는 고객들이 개리가 전화하지 않는데도 먼저 전화해서 찾아오는 장면까지 상상했다.

이렇게 꾸준히 몇 달 동안 확언과 상상을 하던 어느 날, 개리는 서재에 있는 책을 보다가 자신이 적어도 30번은 보았던 책에 우연히 눈이 갔다. 그 책은 전설적인 생명보험 세일즈맨인 벤 펠더만의 사업 아이디어와 철학을 설명한 책이었다. 이 책을 펼치면서 수도 없이 보았던 한 아이디어가 개리의 눈에 띄었다. 그 아이디어는 이런 것이었다. 벤 펠더만이 어느 대기업 회장과 사업상 만나고 싶었지만 방법이 없어서, 어느 날 접견실로 무작정 들어갔다. 당연히 접견실의 직원들은 선약도 없이 들어온 그에게 아무 반응도 보이지 않았다.

그러자 벤 펠더만은 '존슨 회장님께. 회장님의 소중한 3분에 300달러를 드리겠습니다'라고 적힌 쪽지와 함께 300달러를 내밀었다. 직원이 그를 어떻게 했을까? 그 직원은 그저 요구받은 대로 회장에게 전달했고, 회장은 호기심으로 그를 불러들여 결국에는 보험까지 들게 되었다. 이후 펠더만은 다른 고객들에게도 이 방법을 써서 많은 실적을 올렸다. 여기서 더 흥미로운 것은 돈을 받은 사람들 대부분이 돈을 돌려주면서 그의 아이디어를 칭찬까지 했다는 것이다.

개리는 이 이야기에 눈이 확 떠져서 이 아이디어를 활용하고 싶었지만, 그때 개리는 거의 무일푼 상태라서 많은 사람에게 300달러씩 뿌릴 여력이 없었고, 게다가 샌프란시스코를 매일 5시간 걸려 왕래하는 것도 쉬운 일은 아니었다. 그러자 다시 새로운 아이디어가 떠올랐다. 개리는 샌프란시스코의 유망 투자자들의 명단과 주소를 확보하고, '당신의 소중한 20분에 100달러을 드리겠습니다. 원하시면 저에게 전화주세요'라는 내용과 대략의 사업 개요를 적은 편지지와 100달러를 동봉하여 등기우편으로 보냈다.

이렇게 편지를 보내자 어떤 일이 일어났을까? 편지를 보낸 지 일주일 안에 편지를 받은 사람 중 절반은 "나는 당신의 사업에 흥미는 없지만 당신의 아이디어는 정말 참신하군요"라고 적힌 편지와 함께 돈을 반송했다. 나머지 사람들도 거의 전화를 했고, 극소수 몇 명은 일주일 안에 아무 반응이 없어 개리가 전화를 했다. 어쨌든 대부분 사람들은 개리에게 전화를 했다.

그 결과 개리는 매일 6~7개의 약속을 잡고서 2~3일 연속 샌프란시스코에 머물면서 업무를 처리했다. 이후 이런 과정을 몇 번 반복한 결과 그는 몇 달 만에 2,000만 달러의 투자금을 유치했다. 개리는 투자금 이외에도 대부분의 사람들에게 미소와 커피로 환대를 받았다고 한다.

한 겨울에 푸른 잔디밭을 만들다

역사상 아주 뛰어난 기업인 중 한 사람이었던 현대의 정주영 회장이 생전에 자주 했던 말이 있다. "무슨 일을 시작하든지 된다는 확신 90%와 반드시 되게 할 수 있다는 자신감 10% 외에 안 될 수도 있다는 생각은 단 1%도 가지지 않는다." 결국 '된다'와 '할 수 있다'는 정 회장이 평생 반복하던 확언이었던 셈이다. 그런데 그의 일생을 보면 그도 안테나의 원리를 활용하여 늘 불가능의 상황에서 가능한 방법들을 찾아 냈음을 쉽게 확인할 수 있다.

1952년 12월, 미국 대통령 당선자 신분으로 아이젠하워가 한국을 방문했다. 그는 선거에서 당선된 뒤에 한국 전선을 직접 시찰하고 전쟁을 평화적으로 끝내겠다는 공약을 했기 때문이다. 그런데 당시 서울은 전쟁으로 완전히 폐허가 되어 버려 그가 묵을 만한 곳이 없었다. 고심 끝에 미군 측은 그의 신분에 맞게 일단 운현궁을 숙소로 정했지만 수세식 화장실은커녕 보일러도 없고 내부 단장도 전혀 되어 있지 않았다. 게다가 시간은 보름밖에 없었다.

이에 미군 측은 과거에 미군 측의 공사에서 탁월한 능력을 보여주었던 정주영을 불러 상황을 설명한다. 이 상황에 정주영은 도리어 기일 안에 공사를 마치면 공사비를 두 배로 받고, 어기면 두 배로 벌금을 내겠다는 역제안을 한다. 그리고 정주영은 곧장 일꾼들을 데리고 피난 가서 텅 비어 버린 용산 일대의 집들을 뒤져서 세면대와 욕조 등의 온갖 자재들을 뜯어 온다. 대신 그 자리에는 자신의 주소와 이름을 적은 영수증을 남겨 나중에라도 보상 받을 수 있게 했다. 그는 하루 24시간을 꼬박 들러붙어 열흘 만에 이 공사를 끝낸다. 이에 미군들은 "현다이, 넘버 원!"이라며 환호했다.

이렇게 당선자의 숙소는 해결했지만 또 한 가지 난제가 미군에게 생겼다. 아이젠하워가 부산의 유엔 묘지를 참배해야 하는데, 한겨울이라 풀 한 포기 없는 묘지가 너무 황량해 보인다는 것이었다. 이에 미군 측에서는 다시 정주영에게 유엔 묘지에 잔디를 깔아달라는 요청을 한다. '한겨울에 잔디라니!' 처음에는 다들 불가능하다고 머리를 내저었다. 하지만 정주영은 이번에도 '할 수 있다. 된다.'는 정신으로 도리어 공사비의 세 배에 해당하는 금액을 요구하여 계약을 맺는다.

정주영은 생각한다. '잔디든 무엇이든 파랗게 보이면 되는 것 아니냐!' 이에 그는 낙동강 일대 보리밭을 통째로 사서 트럭 수십 대 분량의 파릇파릇한 보리를 유엔 묘지에 옮겨 심었다. 마침내 황량하던 묘지가 푸른색으로 빛이 났다. 이후로 그는 미군의 전폭적인 신용을 얻어 미8군이 발주하는 공사의 대부분을 도맡게 되어, 현대건설 성장의 기반을 만들었다.

참고: http://blog.hani.co.kr/june/32067

달랑 한 대의 비행기로 초대형 항공사를 이겨내다

1966년에 영국에서 난독증으로 도저히 공부를 할 수 없는 16살 소년이 학교를 그

만든다. 그리고 그는 학생 잡지를 만들고 여기에 지역 광고를 실어 돈을 번다. 4년 뒤에 그는 사업을 키울 방법을 찾다가 잡지 구독자들에게 음반을 우편으로 팔기 시작한다. 음반이 꽤 팔려 그는 그 다음 해에 첫 음반 가게를 연다. 다시 2년 뒤에 이 번에는 그가 직접 음반 회사를 만들기로 작정한다. 그는 녹음실을 빌려서 그 지역 음악가들에게 빌려주었는데, 그중의 한 명이 마이크 올드필드였다. 이 작은 녹음실 에서 만든 곡 하나가 대박을 치면서, 무려 500만 장 이상의 음반이 팔린다.

그 다음 십여 년 동안 섹스 피스톨즈, 컬처 클럽, 롤링스톤스 등의 밴드가 그의 회사에서 음반을 내면서 그의 회사는 고속으로 성장한다. 이 와중에 그는 항공, 철도, 무선 통신 등의 사업도 같이 벌인다. 이렇게 거의 50여년이 지날 무렵에 그는 무려 400여 개의 회사를 운영하고 있다. 학교를 중퇴하고 아무런 경험과 지식도 없이 사업을 시작했던 그 소년은 오늘날 수조원의 재산을 가진 억만장자가 되었다. 그는 바로 영국의 리처드 브랜슨이다.

그가 평소에 가장 자주하는 말이 있다. "다 집어치우고, 그냥 하면 돼(Screw it, Let's do it)!" 이것이 그의 확언인 셈인데, 이 확언대로 그의 무의식의 안테나는 그에 게 늘 좋은 방법을 찾아주었다. 그럼 구체적인 사례를 살펴보자.

20대 후반 무렵 그는 예쁜 여자 친구를 만나러 카리브 해의 버진아일랜드로 가려고 공항에 도착했다. 하지만 황당하게도 비행기가 기체 점검을 이유로 갑자기 취소되어 버렸다. 그 비행기는 그날 밤 마지막 비행기였고 다른 수단은 없었다. 하지만 그는 반드시 제때에 도착하겠다는 결심을 하면서 속으로 외쳤다. '다 집어치우고 그냥 하면 돼!' 그러자 그에게 좋은 아이디어가 생각났다.

그는 돈도 없으면서 일단 비행기 한 대를 빌렸다. 그리고는 칠판 하나를 주워서 "버진아일랜드 29달러"라고 적고, 비행기를 놓치고 기다리던 사람들에게 다가간다. 사람들은 여분의 좌석을 얼씨구나 하면서 모두 샀고, 그들 모두는 제때에 버진아일랜드에 도착했다. 그리고 이것이 그의 '버진 항공사'의 시작이다.

참고: http://jamesclear.com/successful-people-start-before-they-feel-ready

브랜슨의 사업 방식은 상당히 독특하다. 그는 돈이 되는 것을 하는 것이 아니라 그가 재미를 느끼거나 의미 있다고 생각하는 것을 사업으로 한다. 왜 갑자기 위험하기 짝이 없는 항공사를 하려고 하느냐는 가족들의 질문에 브랜슨은 "재밌을 것 같아서"라고 어이없는 답을 했을 정도다. 그는 1984년에 미국과 영국을 오가는 대서양 횡단 노선에 고작 비행기 한 대를 보잉사에서 빌려서 사업을 시작한다. 돈이 그것밖에 없었기 때문이다. 문제는 이것뿐만이 아니었다. 당시에 브리티시 에어는 영국의 거대 항공사로서 대서양 노선을 거의 독점하고 있었는데, 갑자기 등장한 이 신생 꼬마 항공사를 괘씸하게 여겨 가만 두지 않았다.

몇 년 동안 회사 차원에서 온갖 비열한 짓을 하고 더러운 소문을 퍼트려 버진 항공사를 침몰 지경까지 몰아갔다. 참다못한 브랜슨은 소송을 걸었고 브리티시 에어는 결국 막대한 보상금을 버진 항공사에 지급했다. 하지만 그 판결 이전에 버진 항공사는 완전히 침몰하고 있었다. 비행기도 한 대 밖에 없고, 광고할 돈도 없고,

게다가 거대 기업의 추악한 견제까지 받고 있으니, 몇 년 동안 엄청난 적자에 시달렸고, 언제 망할지 모르는 지경이었다.

브랜슨이 처한 상황을 우리나라에 맞게 비유하자면 이럴 것이다. 우리나라의 거대 항공사인 대한항공이 달랑 비행기 1대뿐인 꼬마 저가 항공사를 대상으로 온 힘을 다해서, 그것도 수단과 방법을 가리지 않고 무너뜨리려고 하는 상황 말이다. 과연 이런 상황에서 살아날 방법이 있을까? 하지만 브랜슨이 누구인가? 그의 '다 집어치우고, 그냥 하면 돼!' 정신이 이 위기 상황에서도 역시나 힘을 발휘한다. 그의 외가는 원래 탐험가 집안이었고, 그의 피에도 이런 정신이 흘렀는데, 문득 아주 기발한 아이디어 하나가 떠오른다.

그는 세계 최초로 '버진 항공'이라고 커다랗게 적힌 초대형 열기구를 타고 태평양을 횡단하기로 했다. 이전에 몇 명이 여기에 도전했지만 다 실패하거나 죽었을 정도로 이 모험은 위험한 것이었다. 그래서 당연히 영국의 모든 언론이 여기에 주목하고, 실시간으로 브랜슨의 횡단 과정을 기사로 내보냈다. 그러니 당연히 그의 '버진 항공사'도 온 국민의 시선을 받게 되었다. 1987년에 브랜슨은 마침내 죽을 고비를 넘기며 어쨌든 태평양을 건넜다.

그 과정에서 버진 항공사는 돈으로 환산할 수 없는 엄청난 광고 효과를 보았고 마침내 흑자 궤도에 올라섰다. 뿐만 아니라 브랜슨의 회사 브랜드 버진이 재미와 도전의 아이콘이 되어 그 자체로 샤넬이나 애플 같은 엄청난 브랜드가 되었다. 그래서 그가 이후에 일으킨 사업들이 모두 이런 브랜드 효과에 힘입어 엄청난 성공을

누리게 되었다. 브랜슨은 이런 모험과 재미를 추구하는 정신을 여전히 계승하여 현재는 우주 항공 사업까지 하고 있다.

난생 처음 쓴 책이 베스트셀러가 되다

나는 처음에 개리 크레이그로부터 확언과 안테나 이론을 알게 되면서 몸소 이것을 써 보고 싶었다. 그러다 2007년 초에 한국에는 아직 EFT가 알려져 있지도 않았고 전문 서적도 없음을 알고서 나는 이런 확언을 하기 시작했다. '나는 한국에서 최초로 EFT 전문서를 써서, 이 책이 백만 부가 넘게 팔리는 베스트셀러가 된다.' 이때까지 나는 작가가 된다는 생각을 사실상 해본 적도 없고 학교에서 글짓기 숙제나 일기를 써 본 게 전부였다. 내가 한창 연구하고 있던 EFT를 한국에 알리려면 어쨌든 이 방법이 최고라는 생각에 일단 이런 확언을 해 보기로 했다.

하루에도 몇 십 번씩 이런 확언을 하고 확언이 이루어진 상황을 상상했다. 그렇

206

게 한두 달이 지나자 EFT와 관련된 온갖 생각들이 올라와서 틈나는 대로 이것들을 나의 개인 블로그에 그냥 재미 삼아 올리기 시작했다. EFT의 원리나 기본 이론, 사례 등에 관한 것들을 쓰기 시작했는데 이 내용에 흥미를 보이고 호응하는 사람들이 제법 많이 생겨났다. 더욱 신이 나서 조금씩이라도 매일 글을 썼다. 그렇게 여러 달이 지나 2007년 말이 되자 문득 지금까지 써 온 글만 모아도 책 반 권 분량은 되겠다는 생각이 들었다. 그래서 블로그에 올린 글을 다시 정리하고 여기에 다시 보충할 내용을 덧붙이니 대략 책 한 권 분량이 되었다.

나는 이렇게 초벌 원고를 만들어 5개 출판사에 무작위로 원고를 보내 보았다. 최근 10년 이상 힘든 출판계에서 인지도도 출간 경력도 없는 초보 작가의 글을 책으로 내는 출판사는 현실적으로 거의 없다. 그런데 무려 3개의 출판사에서 내 책을 출판해 보겠다고 승낙한 것이다. 그래서 그중 가장 인지도가 있어 보이는 '정신세계사'를 선택했고, 그 책이 『5분의 기적 EFT』란 이름으로 2008년에 출판되었다. 100만

부가 팔리지는 않았지만 한국 최초의 EFT 전문서가 되었고, 교보문고 건강 서적 분야에서 베스트셀러에 올랐다. 결국 100만 부 판매, 한국 최초의 EFT 전문서, 베스트셀러 달성이라는 3가지 확언 중에서 2개를 달성하는 기적을 일으킨 것이다.

그럼 이런 나의 경험에서 안테나 원리는 구체적으로 나에게 어떤 작용을 했는가? 확언을 함으로써 내 머릿속에서 글이 술술 나왔고, 나도 모르게 이 글을 블로그에 쓰게 되었고, 결국 이 글을 바탕으로 책을 내게 되었다. 만약 확언이 없었더라면 당연히 글이 머릿속에서 나오지도 않았을 테고 결국 책도 내지 못했을 것이다. 한마디로 내 무의식의 안테나는 내가 책을 낼 수 있는 가장 중요한 원천인 책 내용 자체를 내게 찾아주었던 것이다!

학력도 자본도 없이 부동산 부자가 되다

나의 지인 중에 집안도 가난하고 공부도 못해서 여상에 가게 된 여성이 있었다. 돈도 없고 공부도 못 했지만 그녀의 돈에 대한 열망은 아주 강렬해서 그녀는 늘 속으로 되새기곤 했다. "나는 반드시 떵떵거리는 부자가 될 거야!" 이것이 그녀의 확언이었던 셈이다. 그녀는 졸업을 한 학기 남겨둔 시점에 지방 도시의 수협에 말단 직원으로 입사했다. 쥐꼬리만 한 월급을 받으면서도 그녀는 결코 자신의 확언을 잊지 않고 되새겼다. "나는 반드시 떵떵거리는 부자가 될 거야!"

그녀는 어느 날 회사에서 직원들에게 저리로 대출을 해 준다는 것을 알게 되었고, 직원들이 다들 이 돈으로 부동산 투자를 한다는 것도 알게 되었다. 이에 마침내 그녀의 안테나가 작동했다! 그녀는 상사들의 조언을 들어가며 주말마다 집과 땅을 보러 다녔다. 처음에는 낡고 작은 아파트 한 채로 시작해서 조금 오른 뒤에 팔고 그 차액으로 다시 투자하고 이런 식으로 10여 년을 하다 보니 재산만 수십억 원이 되었다. 그래서 마침내 외제차에 명품을 두르는 등 말 그대로 떵떵거리면서 살게 되었고 지금은 회사는 그만두고 일명 복부인이 되었다.

"학력과 자본이 없어도 돈을 벌 기회는 언제 어디에나 있다."

아오모리 합격 사과

1991년 일본의 사과 산지로 유명한 아오모리 현에는 태풍이 연이어 불어 닥쳐서 거의 90% 가량의 사과가 떨어져 버리는 큰 피해를 입었다. 이런 엄청난 피해에 살 길이 막막해져서 농민들은 하늘만 탓했고, 먹고 살 길을 찾아 상당수의 사람들이 마을을 떠나는 지경에 이르렀다. 그런데 이 와중에서도 한 농민은 "괜찮아, 괜찮아, 방법이 있을 거야!"라고 말하면서 남은 이들을 위로하고 희망을 잃지 않았다. "아직 남은 사과가 10%는 되잖아."

그는 날마다 남아 있는 사과로 어떻게 이익을 남길까 고민했다. 그리고 마침내

멋진 아이디어가 떠올랐다. 그때가 마침 대학 입시 시즌이었고 그는 '태풍에도 떨어지지 않는 사과'라는 홍보 문구를 만들어 붙여서 10배의 가격에 팔았다. 사실 이 사과들은 바람에 상처가 나서 품질은 떨어졌는데도 판매 결과는 초대박이었다.

EBS 다큐멘터리 「스토리의 힘」에서는 이런 실화를 바탕으로 재미있는 실험을 한다. 밸런타인데이에 한 사람이 길거리에서 사과를 판다. 파는 사람이 맛있는 사과라고 아무리 외쳐도 판매는 그다지 신통치 않다. 그러다 사과 두 개를 예쁘게 묶어서 '사랑이 이루어지는 사과'라고 이름 붙여서 판다. 그러자 판매량이 대폭 늘어난다. 왜 샀냐고 제작진이 물었다. "사랑이 이루어질 것 같고, 좋은 일도 생길 것 같아서요."

"무엇이든 돈이 될 수 있다."

죽어도 시의원이 될 수 없는 사람이 시의원이 되다

아주 오래 전에 유능한 광고 기획자에게 시의원에 입후보한 사람이 찾아왔다. 자신이 당선되게 도와달라는 것이었다. 그런데 그는 고졸의 학력에 외모가 못 생긴 것을 넘어 너무 혐오감이 느껴질 정도로 추악했다. 형식상 직업은 부동산 투자회사 사장이지만 사실은 부동산 투기꾼이었다. 그래서 어필할 수 있는 경력도 없고 선거 운동을 하자니 외모가 도리어 혐오감을 일으켜서 표를 깎아 먹을 것 같아 도저히 당선될 방법이 없었다.

그런데도 이 후보는 이 광고 기획자에게 매달려 제발 당선시켜 달라고 애원을 했다. 그러자 광고 기획자가 말했다. "그렇다면 무조건 내가 말하는 대로만 한다면 당선시켜 주겠소." 후보가 무조건 따르겠다고 하자 기획자는 며칠 간 숙고한 뒤에 몇 가지를 실행했다. 가급적 유권자들 앞에 나서는 선거 운동을 못 하게 했고, 선거 홍보용 사진에 학력과 경력 등을 아예 빼버려서 경력 논란이 일지 않게 했다.

결정적인 것은 선거 홍보 사진이었다. 추악한 정면을 피해서 살짝 웃는 얼굴을 옆면에서 찍은 사진을 홍보 전단에 실었던 것이다. 이때까지 모든 홍보용 사진은 마치 영정 사진처럼 무표정한 모습을 정면에서 찍는 게 관례였는데 이것을 살짝 바꾼 것이다. 그 결과 부재자 투표에서 몰표를 얻는 바람에 가까스로 시의원에 당선되었다. 그 바람에 이때부터 모든 정치인들 사이에 자연스럽게 사진을 찍는 것이 유행되었다.

"언제 어디서나 방법은 있다."

감사:
지금 당장 바로 여기에서 삶이 풍요로워져

몇 년 전에 앞에 얘기한 광고 기획자를 다시 만난 적이 있다. 그는 이름만 대면 알 만한 여러 상품을 히트시켰던 히트제조기 기획자였다. 그렇게 화려한 날을 보냈지만 그는 현재 중풍이 와서 몸 한쪽이 불편하고 아직 60살도 되지 않은 나이에 은퇴하여 하루하루를 소일하고 있었다. 그가 옛일을 얘기하다가 문득 이렇게 말했다.

"지금 돌아보면 그때가 그렇게 좋았는데 막상 그 당시에는 하나도 좋지 않았어요. 하나 대박내면 더 큰 것을 바라고 그러다 보니 그렇게 큰 성공을 하고 있어도 마음속에는 늘 불평과 불만만 가득했어요. 그러다 이렇게 중풍으로 쓰러지고 나니 이제야 그때가 고맙게 느껴져요. 진작 감사할 줄 알았더라면 이렇게 망가지진 않았을 텐데…."

이처럼 많이 갖는다고 바로 행복해지지는 않는다. 나는 많이 가져도 불행한 사람들을 많이 본다. 아버지가 유명 대기업의 부사장이라서 돈이라면 누구 못지않게 많은 집안의 여대생이 나와 상담하면서 했던 말이 생각난다. "우리 가족은 다 불행해요. 아빠도 엄마도 언니도 나도. 그런데 나는 내가 불행한 줄 아는데, 아빠와 엄마는 몰라요. 돈이 있으니까 불행하지 않다고 착각해요. 그게 더 불쌍해요."

이렇게 많이 가져도 감사할 줄 모르면 행복해지지 않는다. 나는 종종 이렇게 말한다.

"행복은 소유의 양이 아니라 감사의 양에 비례한다."

나는 이 책을 쓰면서 『시크릿』이란 책 때문에 유명해진 '끌어당김의 법칙'에 대해서도 적지 않은 연구를 했다. 유인력의 법칙을 설명한 수많은 책들을 보았는데, 그 모든 책들의 공통적인 핵심 주제가 바로 '감사'였다. 감사는 원하는 것을 끌어당기는 힘으로 작용하는데, 감사하면 할수록 더 크게 빨리 원하는 것을 끌어당기게 된다. 그래서 결론적으로 감사하기의 효과를 정리하면 다음과 같다.

① 일단 지금 당장 행복해진다.
② 결과에 대한 집착이 없어져서 확언이 이뤄지는 과정을 즐기게 된다.
③ 확언이 더 빨리 잘 이루어진다.

사례 하나가 생각난다. 한 남성이 아파트를 분양받았는데, 잔금 치를 돈 3,000만 원이 부족했다. 방법이 없어 고민하던 중 마침 유나방송에서 나의 '감사 EFT'를 듣고 여러 번 따라했다. 그랬더니 며칠도 되지 않아서 가까운 친척 어른께서 전화를 주셨다. 직접 말을 꺼낸 적도 없는데 지나가는 소식으로 집 산다는 소식을 들었다면서, 혹시 돈이 모자라면 무이자로 돈을 빌려주시겠다는 것이 아닌가! 이런 식으로 감사 EFT로 인생이 바뀐 이야기들을 나는 종종 듣는다. 감사하면 할수록 감사할 것이 많아지는 법이다.

"현재 우리의 모습과 우리가 가진 것에서부터 지금 당장 감사하기 시작하라. 그리하여 감사의 마력이 스스로 작동하게 하라. 몸에서 느낄 때까지 감사하다고 말하라. 충분히 오래 말하다 보면 몸으로 느끼고 마음으로 믿게 될 것이다. 이제 감사라는 변화의 빛이 내 인생의 모든 조건들을 비추게 될 것이다."

여기서는 감사하기와 EFT를 결합한 '감사 EFT'를 직접 해 보도록 하자.

● 수용확언

손날점을 두드리면서 다음 문장(수용확언)을 읊어보자. 주변이 의식
된다면 속으로 읊어도 된다.

(불평불만이 있거나 있어도 감사하지 못하는 것을 떠올리면서 다음과 같이 말

하고 두드리자.)

– 20평대 집에 살다 30평대 집으로 가면 잠시 행복하다가 점차 무덤덤해져서 결
국에는 오히려 40평대 집에 살지 못하는 것만 짜증나지만 마음속 깊이 진심으로
이런 나도 이해하고 믿고 받아들이고 사랑합니다.

– 여자 친구 없을 때에는 여자 친구만 생기면 행복할 것 같은데, 막상 생기면 잠시
행복하다가 여자 친구가 덜 예쁘고 덜 챙겨주는 것 같아서 미워져서 서로 싸우지
만 마음속 깊이 진심으로 이런 나도 있는 그대로 이해하고 믿고 받아들이고 사랑
합니다.

– 직장 없을 때에는 직장만 생기
면 행복할 거라고 생각하다가,
막상 직장 다니면서 야근하느라
힘들고, 상사에게 시달리다 보
면 언제 그랬냐는 듯이 직장과
일에 대한 불평과 불만만 늘어

나지만 마음속 깊이 진심으로 나를 이해하고 믿고 받아들이고 사랑합니다.

●연상어구

연속 두드리기 타점을 대략 5번씩 두드리면서 다음 구절을 읊어보자. 주변이 의식된다면 속으로 읊어도 된다.
(불평과 불만을 가졌던 것에 감사하기)

- 아이가 사춘기가 되어서 미운 짓을 하고 반항을 한다면 그것은 아이가 이제 그만큼 커서 자립할 때가 되었다는 뜻이니 이만큼 무사히 커준 것이 감사하다.

- 세금이 많이 나와서 화가 난다면 그것은 그만큼 많이 벌었다는 뜻이니 잘 벌어서 감사하다.
- 김장할 때 포기가 너무 많아 힘들다면 그것은 나눠 먹을 가족이 많다는 뜻이니 가족이 많아서 감사하다.
- 살이 쪄서 옷이 꽉 끼어 짜증이 난다면 그것은 내가 요즘 풍족하게 잘 먹고 있다

는 뜻이니 잘 먹어서 감사하다.

- 집 안 여기저기에 고칠 것이 많아서 귀찮다면 그것은 내가 사는 집이 있다는 뜻이니 고칠 집이 있어서 감사하다.

- 난방비가 많이 나와 걱정된다면 그것은 그만큼 따뜻하게 살았다는 뜻이니 따뜻해서 감사하다.

- 세탁하고 다림질해야할 옷이 산더미 같아서 미치도록 힘들고 짜증난다면 그것은 입을 옷이 그만큼 많다는 뜻이니 옷이 많아서 감사하다.

- 주차장이 꽉 차서 맨 끝에 겨우 차를 대고 한참을 걸어야 한다면 그것은 그만큼 걸어야 하고 그만큼 걸을 힘이 있다는 뜻이니 운동도 되고 힘도 있어서 감사하다.

- 온몸이 뻐근하고 피로하다면 그것은 내가 정말 열심히 일을 했다는 뜻이니 나의 부지런함에 감사하다.

- 이른 새벽 폭주족 오토바이 소리에 잠을 깨어 짜증이 난다면 내가 아직도 살아 있다는 뜻이니, 살아 있어서 감사하다.

- 만약 관절염으로 왼쪽 무릎이 너무나 아프다면 그것은 내가 그동안 잘 걸어 다녔고 다리가 있고 오른쪽은 여전히 멀쩡하다는 뜻이니 걷게 해준 내 다리에 감사하다.

- 마지막으로 내가 이렇게 존재하는 것은 이 세상을 소유할 수 있음을 뜻하니 존재하는 것이 소유하는 것임을 깨달을 수 있어서 감사하다.

- 이 모든 것에 감사할 수 있어서 감사하다.

(이미 가졌지만 무심하게 지나쳤던 것에게 감사하기)
- 예쁜 아내가 있어서 감사합니다.
- 한의원이 있어서 감사합니다.

– 유나방송에서 강의할 수 있어서 감사합니다.

– 가을이라서 단풍이 아름다워서 감사합니다.

– 그 단풍이 져서 내 마음을 비울 수 있어서 감사합니다.

– 유나방송으로 이렇게 많은 애청자 여러분들을 알게 되어서 감사합니다.

– 따뜻한 가죽 재킷이 있어서 감사합니다.

– 편안하게 하루를 보낼 수 있어서 감사합니다.

– 늘 나를 생각하는 어머니가 계셔서 감사합니다. 아버지가 계셔서 감사합니다.

– 집안일을 함께 의논할 동생이 있어서 감사합니다.

– 오늘도 성실하게 하루를 사는 나를 느껴서 감사합니다.

– 아름다운 삼각산을 볼 수 있어서 감사합니다.

– 삼각산의 저 희고 큰 바위가 무척 아름다워서 감사합니다.

– 다 져버린 단풍을 보면서 언젠가는 모든 것은 치장을 벗고 헐벗은 몸으로 돌아간
  다는 것을 알게 되어서 감사합니다.

– 유나방송에서 따뜻한 차 한 잔을 먹을 수 있어서 감사합니다.

– 이 높은 산길을 걸어서 유나방송국까지 오니까 운동을 할 수 있고 산책을 할 수
  있어서 감사합니다.

– 유나방송 가는 길에 있는 많은 예쁜 집들이 마음을 편안하게 해주어서 감사합니다.

(앞으로 가질 것에 감사하기: 원하는 것이 이루어진 것처럼 상상하면서 감사하는 것은 소원
을 이루는 가장 좋은 방법 중의 하나이다.)

– (수험생) 원하던 서울대학교에 합격해서 학교를 잘 다니고 있고, 서울대학교에서
  원하는 공부를 할 수 있어서 감사합니다.

– (직업을 원하는 사람) 삼성전자와 LG전자에 합격되어서 편안하게 멋지게 즐겁게

일을 하고 월급을 받을 수 있어서 감사합니다.

– (시험 합격 원하는 사람) 시험에 합격되어서 공무원이 된 것이 무척 감사합니다.

– (가게나 사업 하는 사람) 이번 달 매출이 자꾸자꾸 올라서 두 배가 되고, 손님들이 우리 가게의 제품과 서비스에 만족을 많이 하시고, 입 소문도 많이 나서, 우리 가게가 번창하고 있어서 아주 감사합니다.

– (몸이 아픈 사람) 지금 내 몸이 내 아픈 무릎이 계속 좋아져서 조금씩 더 잘 걷게 되고 그리고 내 몸의 소중함을 알게 되어서 감사합니다. 지끈지끈 하던 머리가 편안해지면서 갈수록 맑고 개운해 져서 감사합니다.

– 내 위장이 소화를 아주 잘 시켜서 감사합니다.

– 내 몸이 자꾸 가벼워지고 날씬해 져서 감사합니다.

– 내 다리가 튼튼해져서 갈수록 등산을 잘하게 되어서 감사합니다.

– 암이 자꾸 줄어서 감사합니다.

– 내 몸에 활력이 갈수록 늘어나고 넘치는 것에 감사합니다.

– 이렇게 온 우주가 나를 돕고 있어서 감사합니다.

– (문제 상황에 빠진 사람) 뜻밖의 해결책이 생기고 후원자가 생겨서 감사합니다.

– (결혼하고 싶은 사람) 나에게 딱 맞는 사람을 맞나 사랑할 수 있어서 감사합니다.

실습

이상의 제시된 예를 보고서 독자 여러분의 상황에 맞게 감사 EFT를 해 보자.

꿈:
꿈은 나를 그 방향으로 데려 간다

"사람들에게 배를 만들게 하고 싶으면 배를 만드는 법을 가르쳐 주지 말고 무한한 바다를 동경하게 하라." – 생텍쥐페리

"내면의 기쁨을 따라가라. 우주가 문을 열어줄 것이다. 비록 벽들만 있던 곳이었다 하더라도." – 조셉 캠벨

유대인인 빅터 프랭클은 오스트리아에서 정신과 의사로 비교적 행복한 중산층 생활을 하고 있었다. 그러나 2차 세계대전이 터지면서 온 가족과 함께 아우슈비츠 유태인 수용소에 끌려간다. 그리고 그곳에서 부모님과 아내와 여동생을 모두 잃고 혼자서 살아 돌아온다. 그가 경험한 수용소 생활은 처참했다. 매일 수용자들은 학살당했을 뿐만 아니라 추위와 굶주림과 폭력과 강제 노동으로 죽어나갔다. 묽은 죽한 그릇이 하루 식사의 전부였고 옷과 신발이 없어서 갓 죽은 시신의 옷과 신발을 벗겨서 입고 신어야 했다.

　한마디로 사는 것이 죽느니만 못 했다! 그는 정신과 의사답게 이렇게 질문한다. "과연 이런 상황에서도 인간답게 살 수 있는가? 과연 이런 상황에서도 살아남는 사

람들은 누구인가?" 하지만 이런 곳에서도 인간다움이 있었다. 유머와 용기와 사랑이 있었고 그것을 실천하는 사람도 적지만 있었다. 이런 와중에서도 자신의 빵을 나누는 사람이 있었고 힘든 사람에게 위로와 용기를 주는 사람도 있었다. 사실 빅터 프랭클 자신도 그런 사람이었다.

어느 날 갑자기 수용소에 열차가 도착했고, 이 열차를 타면 환경이 더 좋은 수용소로 간다는 소문이 돌았다. 마침 프랭클이 이 열차를 타는 줄에 뽑혔다. 그때 한 동료가 말했다. "제발 한 번만 내게 양보할 수 없겠나?" 이에 프랭클은 선의로 그에게 자리를 양보했고 열차는 곧 떠났다. 그리고 며칠 뒤에 소식이 들렸다. 그 열차를 탄 사람은 모두 가스실에서 죽었다는 것이다.

　　정신과 의사인 그에게 수용소는 인간 정신의 거대한 산 실험장이었고, 그것만으로도 프랭클은 살아야 할 이유가 있었고 게다가 큰 깨달음 하나를 얻었다. "왜 살아야 하는지를 아는 사람은 그 어떤 상황도 견뎌낼 수 있다." 삶의 이유를 안다는 것은 삶의 의미를 찾았다는 말이다. 강제수용소의 삶은 시련의 연속이었지만 의미를 찾은 이들이 사는 방식은 달랐다. 힘든 사람들을 위로하고, 자신의 것을 나누며, 시련 속에도 의미를 찾으려 했다. 그래서 그들의 삶의 의지는 더욱 강해졌으며 몸도 비교적 건강했다. 결국 살아남은 사람들은 삶의 의미를 찾은 사람들이었다.

"왜 살아야 하는지를 아는 사람은 그 어떤 상황도 견뎌낼 수 있다."

다음은 프랭클이 직접 경험한 사실들이다. 프랭클과 같은 방을 쓰는 방장이 1945년 2월에 꿈을 꾸었다. 꿈속에서 너무 생생하게 전쟁이 3월 30일에 끝난다는 말을 들었다. 그는 이 꿈을 신의 계시라고 여겨서 꿈을 있는 그대로 믿어 버렸다. 그는 3월

1일에 이 꿈에 관해서 빅터 프랭클에게 말하고는 한동안 해방의 희망과 기쁨에 차서 생활했다. 하지만 막상 30일이 다가와도 전쟁이 끝날 조짐은 보이지 않았고, 그러자 29일에 갑자기 고열이 나서 쓰러졌다.

문제의 30일 당일에 그는 완전히 의식을 잃고 혼수상태에 빠졌고 31일에 죽어버렸다. 프랭클이 관찰해 보니 1944년 크리스마스와 1945년 새해 첫날 사이에 수용자 사망률이 가장 높았다. 크리스마스 때까지는 풀려날 거라는 막연한 희망이 사라지는 순간 다들 생명의 줄을 놓은 것이다. 객관적으로 바뀐 상황은 아무 것도 없었지만, 마음에 희망이 사라지는 순간 다들 이렇게 죽어간 것이다!

그럼 구체적으로 삶의 의미는 무엇인가? 그것은 사랑하는 사람, 이루고 싶은 꿈, 삶이 더 좋아질 거라는 기대, 하고 싶은 일, 되고 싶은 사람 등이다. 삶의 의미는 삶과 죽음을 좌우할 정도로 강력하기 때문에 돈에 삶의 의미가 결합되면 반드시 목표를 달성하게 된다. 자 그럼 이제 여기에서 인생의 꿈을 한 번 찾아보도록 하자. 나는 평소에 강의와 상담에서 꿈을 찾을 수 있도록 다음 질문을 많이 한다.

– 내가 원하는 것이 다 이루어진다면 어떻게 살고 싶은가?
– 하느님이 나의 소원을 모두 들어주신다면 어떤 삶을 살고 싶은가?
– 성공이 보장된다면 어떤 일을 해보고 싶은가?
– 원하는 만큼 돈을 벌게 된다면 어떻게 살고 싶은가?

질문이 막연하게 느껴진다면 더 구체적인 예를 들어보자.

어디로 여행가고 싶은가? 어떤 소질이나 재능을 갖고 싶은가? 어떤 집에 살고 싶은가? 어떤 인간관계나 가족 관계를 이루고 싶은가? 무엇을 먹어 보고 싶은가? 이 세상에서 어떤 경험을 해 보고 싶은가? 이 사회에 어떤 기여를 하고 싶은가? 무엇에서 보람을 느껴 보고 싶은가? 어떤 덕성이나 자질을 갖고 싶은가? 닮고 싶은 사람은 누구이며 그의 무엇을 닮고 싶은가? 어떤 성취를 이루고 싶은가?

돈을 왜 벌겠는가? 바로 이런 꿈을 이루는 수단이 아니겠는가. 보통 사람들에게 돈은 그저 생존의 수단이다. 그런데 돈이 그저 생존의 수단의 의미밖에 없다면 돈벌이는 그저 숙제처럼 느껴질 것이다. 하기는 싫지만 안 하면 혼나는 그런 숙제! 그런데 역설적으로 돈벌이가 숙제가 되기 때문에 다들 돈을 못 버는 것이다. 공자가 말하지 않았던가. "열심히 하는 것은 좋아하는 것만 못하다." 돈이라는 목표에 꿈과 희망이 결합되면 돈은 숙제가 아니라 꿈이 되고 우리를 흥분시키고 자꾸 행동하게 만들어, 결국 돈과 꿈을 함께 벌게 된다.

"돈에 의미가 생기면 그 어떤 돈도 벌 수 있다."

이런 이야기가 생각난다. 3명이 건축 현장에서 벽돌을 쌓고 있었다. 이들에게 물었다. "무엇을 하고 있나요?" 대답은 각각 달랐다. "몰라서 물어요? 벽돌을 쌓고 있잖아요." "예쁜 교회를 짓고 있죠." "한국의 최첨단 신도시를 건설하고 있죠." 10년 뒤에 한 사람은 여전히 벽돌을 쌓고 있었고 다른 한 사람은 건축사가 되었고 나머지 한 사람은 건설회사 사장이 되었다. 같은 일을 해도 가진 꿈과 의미에 따라서 이렇게 삶이 바뀐 것이다.

내가 꿈을 가지라고 하면 많은 사람들은 먹고 살만 하니까 배부른 소리한다고 생각할지도 모른다. 나도 한때 그랬다. 2002년에 결혼해서 먹고 살려면 돈을 벌어야 하니까 그저 아무런 꿈도 없이 개원했다. 첫 개원식에서 하객들 앞에서 수줍어하면서 했던 말이 아직도 내 귀에 생생하다. "그냥 평범한 동네 한의사가 되겠습니다." 사실 그때 내가 말한 '평범한'이란 '목표도 꿈도 없는'과 동일한 뜻이었다. 그리고 일에 꿈이 필요하다는 것도 몰랐다.

그리고 그 결과는 처참했다. 일단 마음을 뺀 몸만 치료하는 기존 의료 제도와 그에 종속된 내 모습에 심각한 회의를 느꼈고 치료도 잘 되지 않았고 그러니 당연히 돈도 못 벌었고 게다가 생존하려면 평생 이 짓을 해야 한다는 절망과 체념은 최악이었다. 그렇게 거의 5년 이상을 좌절과 체념 속에 헤매다가 어느 날 문득 이런 생각이 들었다. '굶어 죽을까 봐 그냥 이렇게만 살다가는 내 영혼이 말라비틀어지고 결국 돈 때문이 아니라 암에 걸려 죽을 것 같다'

그래서 이렇게 죽어갈 바에는 정말 내가 원하는 것이라도 해 보자고 생각했다. 그래서 마음까지 치료하는 방법을 찾았고, 그러다 보니 기적 같은 우연으로 EFT를 만나게 되었다. 그래서 EFT를 열심히 연구하다 보니 책도 쓰고 EFT 협회도 만들고 강의도 하면서, 2008년에는 전혀 새로운 형태의 한의원도 열어서 몸과 마음을 함께 치료하게 되었다. 이 모든 것이 그때 현실이 힘들다고 꿈꾸지 않았더라면 얻지 못했을 결과들이다.

사실 꿈은 먹고 살만한 사람만을 위한 것이 아니라 생존하기 위해서라도 필요하다. 나의 아버지는 원래 농사꾼이 꿈이었는데 28살에 결혼하자마자, 아버지가 개간한 땅을 할아버지에게 다 뺏기고 고향에서 부산으로 내쫓겼다. 결혼해서 처자식은 생겼는데 당장 먹고 살 것이 없어, 부둣가의 막노동부터 공공 근로사업, 경비원, 구멍가게 주인 등 전형적인 3D 업종의 일만 하고 살았다. 그러면서도 평생의 꿈인 농사를 놓지 못해서 주변의 빈 땅만 보이면 온갖 작물을 심어 텃밭을 가꾸었다.

그렇게라도 농사꾼의 꿈을 간직했지만 집 한 채 가진 것밖에는 돈이 없어 농사지을 땅을 살 엄두도 내지 못했다. 그렇게 먹고 살기 위해서 꿈과는 거리가 먼 허드렛일을 60살 넘어서까지 하다 보니 아버지는 평생 온갖 병을 다 앓았다. 류머티스 관절염, 위암, 중풍, 담석증 등. 그러다 기적 같은 일이 벌어졌다. 아버지의 결혼도 안 한 이모 한 분이 돌아가시는 바람에 온갖 우여곡절 끝에 이모의 시골 땅을 유산으로 물려받았다.

65살의 나이에 드디어 농사꾼의 꿈을 이루게 된 것이다. 그 길로 아버지는 고향에 작은 집을 짓고 지금까지 농사를 짓고 있다. 그런데 이렇게 아버지가 하고 싶은 일을 하게 되자 큰 변화가 생겼다. 고향으로 가기 전에는 자식들에게 부담을 주면서 그냥 놀 수 없다고 박봉의 주차장 경비 일을 하면서 하기 싫은 일을 하느라 늘 아프고 인상을 찌푸리셨다. 게다가 중풍도 생겨서 정신도 희미하고 말도 아주 어눌했었고, 몇 년 전에는 위암까지 앓은 상태라 이대로 가다가는 아버지가 얼마 못 살겠다는 걱정까지 들었다.

그런데 고향 가서 농사를 짓자 해가 갈수록 중풍 후유증도 사라지고 활력도 생겨서 아버지는 말 그대로 되살아났다. 그런 아버지를 보면서 나는 다시 한 번 마음 또는 꿈이 몸에 미치는 영향을 직접 실감했다. 실제로 나에게는 암, 척추 디스크, 섬유 근통, 척추 협착증 등의 온갖 만성 질환으로 많은 환자들이 찾아오는데 그들 중 거의 대부분은 먹고 살기 위해서 하기 싫은 일을 억지로 하다 병이 생긴 것이었다. 하기 싫은 일을 10년 이상 하다 보면 다들 온갖 병이 생기게 마련이다.

"꿈을 꾸어라. 꿈을 꾸면 건강해지고 행복해지고 꿈을 이루게 된다."

많은 사람들이 괜히 이루어지지 않을 꿈을 꾸다 현실에 대한 불만만 커지지 않느냐고 물을 수도 있다. 하지만 사실은 그 반대다. 꿈을 버린다고 더 행복하거나 만족하지도 않고, 도리어 꿈을 꾸면 현실에 대한 만족도도 커진다. 그리고 꾸준히 꿈을 꾸는 것만으로도 꿈꾸는 방향으로 변화가 일어난다. 나는 몇 년째 확언 강의에서 참가자들에게 앞의 꿈 찾기 질문을 하고 그 대답 20개를 작성해서 제출하게 한다. 그러면 대략 적어도 두 번 놀란다.

첫째 자신들이 아무런 꿈도 없이 살아왔다는 사실에 충격을 받는다. 사실상 그들은 평생에 삶의 꿈을 구체적으로 적어보는 시간을 처음 가진 것이다. 둘째 한두 달이 지나면 이것들이 슬슬 자신도 모르는 사이에 벌써 이루어져 있다는 사실에 놀란다. 실제로 이 숙제를 하고 한두 해가 지나서 여러 개의 소원이 이루어져서 고맙다는 말을 많이 듣는다. 그러니 여러분도 지금부터 한 번 만들어 보라.

"꿈은 우리를 그 방향으로 데려간다."

● **실습**

다음은 나의 워크샵 참가자들이 제출한 '꿈 찾기 확언' 과제들이다. 다들 이 과제를 하면서 행복했다고 말했고, 이것을 만든 뒤에 꿈이 하나씩 이루어져 고맙다고도 했다. 독자 여러분들도 이렇게 만들어 보라.

223쪽의 꿈 찾기 질문에 해당하는 답을 확언 형식으로 20개를 틈틈이 채워보고, 확언이 이루어진 상황을 보여주는 사진이나 그림을 그 옆에 붙여보자.

꿈 찾기 확언의 여러 가지 예들

228

끈기:
끈기로 열리지 않는 성공의 문은 없다!

정주영 회장은 20살도 되기 전에 지긋지긋한 가난을 벗어나려고 시골에서 무려 4번의 가출을 했다. 그러던 그는 무작정 상경하여 건축 인부로 일하게 되었다. 일이 너무 힘들어 허름한 숙소로 돌아오면 곧장 잠에 빠져서 누가 업어 가도 모를 정도였다. 그런데 얼마 지나지 않아 밤마다 벼룩에게 물려서 잠을 설치는 일이 생겼다. 이런 일이 누적되자 강철 체력의 그도 지쳐서 일도 못하고 쓰러질 지경에 이르렀다. "도저히 안 되겠다. 벼룩을 피할 방법을 찾아보자."

그래서 일단 온몸을 씻고, 이불까지 씻어 보았다. 그래도 또 벼룩이 나타났다. 다른 사람들의 몸에서 벼룩이 나왔던 것이다. 그래서 이번에는 남들과 떨어져서 나무 침대를 만들어 그 위에서 잠을 잤다. 그래도 역시 벼룩이 나타났다. 침대 다리를 타고 올라온 것이다. 다시 이번에는 침대의 네 다리에 물통을 받쳐서 물을 채워놓았다. 이것은 확실히 대성공이었다. 며칠 동안 정주영은 아주 편하게 잠을 잤다. 그런데 며칠이 지나자 어디선가 또 벼룩이 나타났다. 놀랍게도 벼룩들이 벽을 타고 올라가 천장에서 뚝뚝 떨어지고 있었다. 정주영은 이에 깨달음을 얻는다.

"빈대처럼 끈기 있게 방법을 바꾸어 가면서 하다 보면 무엇이든 된다."

2013년에 세계적인 석학들의 강연 프로그램인 테드(TED)에서 한 여성이 가장 핵심적인 성공 비결을 발표해 엄청난 호응을 얻는다. 미국의 안젤라 덕워스(Angela Lee Duckworth)는 27살에 컨설팅 회사를 떠나서 공립학교에서 몇 년 동안 학생을 가르치게 된다. 그 과정에서 그녀는 아주 놀라운 사실을 발견한다. "IQ(지능 또는 머리)는 성적과 무관하다!" 실제로 학업 성취도가 제일 좋은 학생들이 결코 머리가 좋은 학생들이 아니었고 머리 좋은 애들이 성적이 오히려 그다지 좋지도 않았다.

이에 그녀는 이 의문을 풀기 위해 대학원 심리학과에 진학해서 고난이도 환경에서 성취를 이룬 온갖 연령대의 사람들을 조사한다. "도대체 왜 누가 성공하는가?" 그녀는 미국의 육사 생도들, 전국 단위 퀴즈쇼 참가자들, 우범지역 학교 교사들, 온갖 영업사원들 등을 대상으로 닥치는 대로 조사한다. 이들 중에서 성공하는 사람의 특징은 무엇인가? 그리고 마침내 빙산의 전모가 드러난다. 그것은 지능도 외모도 사회성도 건강도 그 무엇도 아닌 딱 한 가지였다. 바로 끈기였다!

그녀는 이런 연구 결과를 증명하기 위해 다시 실험을 했다. 자퇴나 유급 비율이 높은 어느 공립 고등학교 2학년 학생 수천 명에게 끈기 측정 설문지 검사를 해서 점수를 매겼다. 그리고 1년 뒤에 이들 중 얼마나 많은 학생이 졸업하는지를 확인했다. 역시나 끈기 점수가 높은 학생들이 훨씬 많이 졸업했다. 그녀는 가족 소득, 표준능력 평가 점수 심지어 아이가 학교에서 느끼는 안정감 점수 등도 비교해 보았지만 졸업과는 무관했다. 또 하나의 특이점은 재능도 중요하지 않다는 것인데 심지어는 재능과 끈기는 반비례하는 성향도 나타났다.

그럼 끈기를 기르는 방법은 무엇인가? 그것은 '성장 심리(growth mindset)'이다. 이것은 스탠퍼드 대학의 캐럴 드웩(Carol Dweck)이 연구한 것인데 능력은 고정된 것이 아니라 노력에 따라 좋아질 수 있다는 믿음이다. 이것을 증명하기 위해서 드웩은 한 반 학생에게는 공부 잘하는 법을 가르치고 다른 한 반에게는 지능은 고정된 것이 아니라 머리를 쓸수록 발전한다는 실험 결과들만 보여주었다. 그리고 1년 뒤에 두 반의 성적을 비교했는데, 학습법을 배운 아이들의 성적은 변화가 없고 반면에 지능이 좋아진다고 배운 아이들은 성적이 탁월하게 올랐다.

"제 방법이 맞나요?" 자기 계발과 성공에 관해서 상담과 강의를 하면서 제일 많이 듣는 질문이다. 성공하지 못한 많은 사람들은 이렇게 생각한다. '내 방법이 틀려서 안 된 거야. 좋은 방법을 찾아야 돼.' 그래서 늘 맞는 방법을 찾느라고 책 보고 질문만 하다가 실천하지 못해서 아무 것도 안 된다. 나는 종종 말한다. "자기 계발서 20권 본 사람은 성공하지만 100권 넘게 본 사람은 성공하지 못해요. 몇 권 보면 다 뻔한 내용이고 빨리 실천해야 하는데 앉아서 100권까지 볼 시간이 어디 있어요!"

실제로 내가 그랬다. 맨 처음에 나폴레온 힐의 『생각으로 부자가 되어라』를 보자마자 바로 실천하기 시작했다. 그렇게 5년 이상 한 결과 돈을 포함한 내 인생의 모든 것이 다 바뀌었다. 긴 인생에서 5년은 그다지 긴 시간은 아니지만 이렇게 한 방향으로 꾸준히 노력한다면 인생을 바꾸기에 충분한 시간이기도 하다. 그러니 좋은 방법을 찾을 시간에 그냥 몇 번 더 시도하라.

"방법을 몰라서 실패하지 않는다. 끈기가 없어서 실패할 뿐이다."

내가 대여섯 살 때쯤 옆집에 나보다 힘세고 덩치가 큰 꼬맹이가 있었다. 걔가 나를 종종 괴롭혀서, 어느 날 참다못해 내가 걔 집으로 쳐들어가 싸웠다. 하지만 당연히 맞고 돌아왔다. 그 다음날 다시 가서 싸웠다. 역시 실컷 맞기만 하고 졌다. 그 다음날 다시 싸웠지만 또 졌다. 이렇게 무려 6일을 싸웠는데 매일 졌다. 그런데 7일째에도 내가 다시 씩씩거리며 나타나자 얘는 질리고 겁을 먹었다. 그냥 냅다 도망가 버렸다. 힘도 약하고 덩치도 작은 내가 마침내 이긴 것이다! 그 다음부터는 감히 걔가 나를 건드리지 못했다.

성공은 이 애와 같다. 처음에는 큰 덩치와 힘으로 사정없이 당신을 후려치고 뭉개버릴 것이다. 다시 도전하면 또 확 뭉개버릴 것이다. 도저히 당신의 힘과 덩치로는 범접하지도 못할 것처럼 느껴질 것이다. 그러나 당신이 결코 포기하지 않으면 성공이란 놈이 결국에는 당신에게 질려서 꼬리 내리고 온 몸을 갖다 바칠 것이다.

"성공은 바로 직전까지도 실패와 좌절이라는 무시무시한 가면을 쓰고 있다. 이에 속지 말고 끈기 있게 벗겨라. 이제 더 못하겠다고 느낄 때 다시 벗겨라! 가면이 두꺼워 보일수록 성공이 가깝다. 결국 당신의 끈기에 버티지 못한 성공이 그 아름다운 자태를 드러낼 것이다."

이제 칠순을 훌쩍 넘긴 나의 아버지는 중졸의 학력이지만 대졸자들 못지않은 독서력과 한자 독해 능력이 있다. 혼자서 한자가 가득한 한의학 책도 보실 줄 아는 정도이다. 아주 오래 전에 어머니에게 아버지가 이런 능력이 있는데 젊었을 때에 왜 못 써먹었느냐고 물었다. "안 그래도 젊을 때에 공무원 시험이라도 한 번 볼까 했는데, 적록색맹이라서 시도도 못했다."

유전으로 아버지는 적록색맹이 있었고 당시에 적록색맹인 자는 모든 공직 시험에 응시가 불가능했다고 한다. 심지어 운전면허 시험도 볼 수 없었다고 했다. 그래서 아버지는 오랜 동안 면허가 없어 운전도 못했다. 그러다 문득 궁금해졌다. 아버지 형제가 7남매이고, 남자 형제만 쳐도 4형제이고 이 색맹은 주로 남자에게 유전되니까 분명 다른 형제들도 색맹이 있었을 텐데 다들 운전면허도 있고, 공무원도 둘이나 있었다.

이에 다시 물었다. "그럼 삼촌들이나 큰 아버지는요?" "작은 삼촌도 색맹인데 색맹에게도 신체검사 합격증을 만들어주는 병원이 있어서 그걸로 운전면허 일찍 땄단다. 네 아버지도 거기 가서 합격증 받아서 뒤늦게 운전면허 땄다." 나의 삼촌은 머리는 아버지보다 못 했지만 평소에 적극적인 성격이었다. 짐작컨대 운전면허 시험장 신체검사에서 떨어지니 편법으로 합격증을 받아 면허를 딴 것 같았다.

이런 생각을 하자 나는 갑자기 돌덩이로 뒤통수를 콱 얻어맞는 듯한 충격을 받았다. 비록 편법이지만 아버지도 일찍 이런 방법을 썼더라면 일찍 공무원이 되어서 고된 노동과 고생으로 점철된 인생을 면하지 않았을까! 반면에 삼촌은 이런 적극성 때문에 시작은 아버지와 비슷했지만 나중에는 중소기업 중역까지 맡고 퇴직했다. 삼촌도 처음에 포기했더라면 아버지처럼 살게 되었을 것이다.

결국 삼촌이나 아버지나 둘다 같은 색맹이었지만, 한 번의 끈기 차이로 180도 서로 다른 인생을 살게 된 것이다. 안 된다고 할 때에도 그저 한 번 더 시도한 것의 차이는 이렇게 컸다. 나는 포기하고 싶을 때마다 스스로 이렇게 되새긴다. "아버지의 인생을 반복하지 말자." 역설적으로 끈기의 중요성과 힘을 가장 크게 가르쳐 준 사람이 바로 나의 아버지이다. 한 번의 시도가 얼마나 큰 대박을 만들지 모른다. 그러니 로또 살 시간에 한 번 더 시도해 보라.

"로또보다 끈기야!"

자 이제 당신의 끈기를 키우기 위해서 다음과 같이 EFT를 해보자.

[1회전]

손날점을 두드리면서 다음 문장(수용확언)을 읊어보자. 주변이 의식된다면 속으로 읊어도 된다.

– 나는 쉽게 질려서 무엇이든 빨리 그만 두지만 마음속 깊이 진심으로 나를 이해하고 받아들입니다.

– 나는 언제 되나 하는 생각에 쉽게 그만두지만 마음속 깊이 진심으로 나를 이해하고 받아들입니다.

– 나는 목표가 너무 멀고 커서 과연 될까 하는 생각이 들지만 마음속 깊이 나를 이해하고 받아들입니다.

연속 두드리기 타점을 대략 5번씩 두드리면서 다음 구절을 읊어보자. 주변이 의식된다면 속으로 읊어도 된다.

벌써 질린다. 너무 힘들다. 언제 되나. 목표가 너무 멀다. 어느 세월에 되나. 이 속도로 언제 다다르나. 목표가 이루기에 너무 크다. 벌써 그만두고 싶다. 하지만 천릿길이 멀다고 한 걸음에 갈 수 없고, 만리장성이 크다고 돌 하나로 쌓을 수 없다. 한 걸음이 쌓여, 천릿길이 되고, 돌 하나가 모여 만리장성이 된다.

손날점을 두드리면서 다음 문장(수용확언)을 읊어보자. 주변이 의식
되다면 속으로 읊어도 된다.

- 나는 이루지 못할까 봐 목표를 세우지도 않지만 마음속 깊이 진심으로 나를 이해
  하고 받아들입니다.
- 나는 중도 포기를 너무 많이 해서 목표를 세울 수가 없지만 마음속 깊이 진심으
  로 나를 이해하고 받아들입니다.
- 그래서 나는 빈둥빈둥 거리면서 할 일 없이 살아가지만 마음속 깊이 진심으로 나
  를 이해하고 받아들입니다.

연속 두드리기 타점을 대략 5번씩 두드리면서 다음 구절을 읊어
보자. 주변이 의식된다면 속으로 읊어도 된다.

한다고 될까. 내가 끝까지 한 게 있나. 이번이라고 다를까. 어차
피 그만둘 텐데. 그러면 실망만 커질 텐데. 그래서 그냥 빈둥거린다. 그래서 몸은
편한데, 마음은 도리어 찜찜하다. 그런데 가다가 그만 가면 아니 감만 못하다고 하
지만 그만큼 간 것이고 이어서 가면 된다. 하다가 그만 두면. 아니함만 못하다고 하
지만 그만큼 한 것이고 또 이어서 하면 된다.

238

[3회전]

●수용확언

손날점을 두드리면서 다음 문장(수용확언)을 읊어보자. 주변이 의식된다면 속으로 읊어도 된다.

　　　－ 나는 굳이 힘들게 해서 뭐하나 하는 생각에 할 엄두가 나지 않지만 마음속 깊이 진심으로 나를 이해하고 받아들입니다.

－ 굳이 이렇게 힘들게 열심히 한다고 될까 하는 생각에 김이 빠져서 하기 싫지만 마음속 깊이 나를 이해하고 받아들입니다.

－ 이렇게 사니 몸은 편해도 이런 내가 영 못마땅하지만 마음속 깊이 나를 이해하고 받아들입니다.

●연상어구

연속 두드리기 타점을 대략 5번씩 두드리면서 다음 구절을 읊어보자. 주변이 의식된다면 속으로 읊어도 된다.

　　　굳이 열심히 해야 되나. 굳이 힘들게 살아야 되나. 꼭 이 정도로 해야 되나. 열심히 했는데 안 되면 어떡하나. 얼마나 실망할까. 그래서 그냥 안 하는데, 그렇다고 편안하지도 않다. 그런데 이 몸 아껴서 저승 갈 때 갖고 가나. 곱게 쓰나, 막 쓰나, 때 되면 다 흙이 되는데, 무엇 때문에 그리 몸을 사리나. 게다가 죽을 때 안 될까 두려워 안 했더니 몸 편해서 좋다고 할까. 안 되어도 해 봐서 후련하다고 할까. 힘껏 살아본 사람은 죽을 때 여한이 없는 것이다.

편안하게, 쉽게, 즐겁게, 재미있게 하면 된다. 할 수 있는 만큼, 할 수 있는 대로, 되는 만큼, 되는 대로, 하고 싶은 만큼, 하고 싶은 대로 하면 된다. 다 된다. 더 잘 된다. 모두 된다.

4장

돈과 마음에 관해
더 하고 싶은 이야기들

확언과 EFT로 삶이
더욱 더 풍요로워진 사례들

돈에게 감사하니 풍요로워졌어요

침대에 앉아 책을 보다가 문득 이런 생각이 들었습니다. '이 침대도 베개도 책도 모두 돈을 주고 샀구나. 그런데 한 번도 돈에게 감사를 한 적이 없네.' 수첩을 들고 '일단 돈으로 산 것들이 뭔지 적어 보자'하고 쓰고 있는데 아이가 다가왔습니다. "수현아, 이 침대도 이불도 모두 돈으로 샀어. 돈이 참 고맙다, 그지?"

그러자 그때부터 아이가 온 집 안을 돌아다닙니다. "이것도 돈으로 샀어요, 저것도요, 그리고 이것두요." 둘이서 이렇게 한참을 신나게 말하고 적었습니다. 그러다 갑자기 이런 대화도 나눴습니다. "엄마, 나도 돈으로 샀어요?" "수현이는 엄마 배에서 자라고 나왔지만 수현이를 낳을 때 든 병원비는 돈으로 지불했지." "엄마 그럼 내가 다 헤아려 볼게요." 그러더니 아이는 199개까지 썼는데, 하나를 채워서 200개를 만들었습니다.

그러고 보니 내 주위의 모든 것, 내가 좋아하고 즐기는 모든 것을 돈으로 구했습니다. 우리는 종종 밥 먹을 때 이렇게 감사의 기도를 합니다. "이 밥이 내 입에 들어갈 수 있도록 수고해 주신 모든 분들과 자연과 쌀에게 감사드리자." "돈으로 쌀을 샀으니 돈에게도 감사합니다"라고 기도하는 것은 듣지도 못했습니다. 돈은 쌀 이상으로 이렇게 소중한데 너무 돈의 소중함을 모르고 살았네요. 문득 지갑에서 지폐를 살며시 꺼내 봤습니다. 고맙고 사랑스러운 느낌이 들었습니다.

이런 느낌은 처음이었습니다. 한 번도 고맙다고 하지 못한 미안함과 고마움이 교차했습니다. '돈을 함부로 쓰면 안 되겠다. 꼭 필요한 곳에 내가 원하는 것에 써야겠다. 돈도 잘 간수해야겠다'는 생각이 들었습니다. 그래서 책꽂이에 방치했던 동전도 지갑에 잘 챙겨 넣었습니다. 물건을 사면서 돈을 낼 때, 고마운 느낌이 드니 참 좋습니다. 카드보다 현금을 쓰고 싶다는 생각도 드네요. '감사와 풍요'에 관련된 글을 읽고서 아이디어가 생겨서 해 본 일인데, 결과가 참 만족스럽네요.

"돈아 고맙다. 그리고 돈을 벌어주는 나도 고맙다. 돈을 벌게 해주는 나의 직장에도 감사합니다. 그리고 이 모든 것을 베푸는 우주에도 감사합니다."

이상은 EFT 수강자가 카페에 올린 소감이다. 돈이 얼마나 있건 상관없이 많은 사람들이 돈 걱정과 돈의 두려움 속에 살아간다. 그런데 이렇게 돈에 대한 감사함으로 삶아간다면 삶이 더 넉넉하고 풍요로워질 것이다. 그리고 물론 돈도 더 잘 들어올 것이다.

말썽쟁이 세입자가 드디어 나가다

세입자 한 사람이 계약 기간이 끝났는데도 부당하게 이사비를 요구하면서 나가지 않고 버티는 일이 벌어졌습니다. 드디어 재판까지 이어져서 저는 도리어 피고 자격으로 재판정에 서게 되었습니다. 우리가 입주하지 않으면 큰 손해를 볼 것을 알고 세입자가 일부러 재판을 걸어 상황을 질질 끌고 간 것이었죠. 어차피 벌어진 일이라 늘 갖고 다니는 수첩에 이렇게 썼습니다. "세입자가 4월에 나가게 되어서 감사합니다." 불쑥 생각나고 괴로울 때마다 이 확언을 하면서 톡톡톡 두드렸습니다.

사실 속으로 '이게 뭔 소용인가?'하는 생각이 안 든 것은 아닙니다. 하지만 다른 대안도 없으니 이게 최선이라는 생각으로 열심히 확언하면서 타점을 두드렸습니다. 드디어 재판이 시작되어 저는 법정에 섰습니다. 복잡한 재판 과정은 생략하고 결론만 말하자면 놀랍게도 세입자가 정확히 제가 원하는 달에 나가게 되었습니다. 세입자가 재판을 무리하게 끌지 않게 되었기 때문입니다. 이게 모두 확언과 EFT의 힘이라고 생각합니다. EFT와 확언을 강의해 주신 선생님께 감사드립니다.

이상은 EFT 수강자의 소감문이다. 나는 수많은 경험과 철학적 탐색 끝에 '내면의 상태는 늘 외부에 반영된다'는 것을 이제는 진리로 받아들인다. 내면에 불안과 두려움이 많으면 외부에 늘 그에 상응하는 일이 일어나고, 불안과 두려움을 EFT로 지워나가는 만큼 그런 일도 줄어들게 된다.

원하는 직장을 얻다

EFT를 배우면서 확언을 한 게 있습니다. "연봉 2900만 원 이상을 받으면서 행복하고 즐겁게 일할 수 있는 기업에 취직한다. 서울에서 일한다." 하루에 한 번씩 5분 정도 운동을 마친 뒤에 개운한 기분으로 확언을 했습니다. 마침내 몇 달이 지나서 결과가 나왔습니다. 연봉 2800만원에 포스코 계열사에 입사하여 9월 27일부터 강남으로 출근하게 되었습니다.

이 정도면 확언과 95% 정도 일치하고, 골프에서 홀인원을 친 수준입니다! 참고로 저는 영어나 학벌이나 학점 등의 소위 스펙이 좋지 않았습니다. 그런데도 스펙과 상관없이 할 수 있다고 격려해 주신 EFT 강사님께 감사드립니다.

나의 한마디

이렇게 확언과 EFT로 내면의 생각과 감정이 바뀌면 정말 기적 같은 일들이 많이 일어난다. 어느 날 이런 이메일을 받았다. "원장님 놀라지 마세요. 유나방송에서 연애와 결혼에 관련된 EFT 강의를 듣고서, 잘못된 신념에서 벗어나자마자 남자를 만났고 3달 만에 결혼도 해요. EFT에 많이 의지했고, 큰 도움 받았습니다. 선하고 배려심 많은 남자 만났답니다."

EFT로 나의 성공 회피 패턴을 찾다

이번 주에 유나방송을 들으면서 내 인생의 성공 회피 패턴을 전체적으로 보게 되었습니다. 신혼 초에 뜻밖에 코스닥의 불패 주식을 남편이 사는 바람에 다소 큰돈이 들어왔는데, 직후에 아이를 조산하여 인큐베이터에서 키우느라 수천만 원이 날아갔었습니다. 다시 10여 년이 지나서 남편이 동업으로 벤처 기업을 시작했습니다. 젊음을 불사르는 고생 끝에 회사를 코스닥에 상장했는데, 그러자마자 미국 발 금융위기가 터져서, 주가는 5분의 1이 되고 스톡옵션도 원래 예상의 10분의 1이 되어

버렸습니다.

경제적으로 성공할 인생의 기회가 몇 번은 있다는데 우리 가족은 벌써 2번을 놓쳐 버렸습니다. 그런데 돈보다 중요한 것은 매번의 기회에서 내가 가졌던 마음이었어요. 나는 불안하고 걱정스런 생각을 하는 데에 천재적인 소질이 있었거든요. '대박이 쪽박이 될 수 있어' '성공은 내게 어울리지 않고 일어날 수도 없어' '그런 것은 모두 그림의 떡이야' 결국 이런 생각이 나도 모르게 확언이 되어 현실이 되어 버린 것이었죠.

EFT를 하면서 더 깊이 내 안을 들여다보다 이런 모든 신념을 갖게 된 사건이 기억났습니다. 초등학교 3학년 생일 파티 사건이었습니다. 사연이 복잡해서 다 쓸 수는 없지만 그때 그 일로 내 마음속에 풍요로움과 성공에 대한 좌절의 씨앗이 심어졌다는 것을 깨닫고서는 충격을 받았습니다. 그래서 그때 그 일에 대해서 EFT를 하자 그 괴로운 기억이 사라지면서 '나도 풍요롭고 성공하는 삶을 살 수 있는 자격이 있다'는 느낌이 들었습니다.

이렇게 나의 부정적인 삶의 패턴을 전반적으로 검토할 수 있게 되면, 이런 결과를 만들어내는 무의식적 사고 패턴을 찾을 수 있음을 깨달았습니다. 이런 사고 패턴을 EFT로 지우는 것이 고착된 사고와 행동을 벗어나서 더 풍요로운 삶을 살게 되는 출발점이라는 것을 확실하게 깨닫게 되어서 감사합니다.

부정적인 마음을 싹 지우고 새로운 작품을 그릴 거야.

하마터면 권리금 날리고 복구비용까지 물 뻔했는데

다음은 확언 강의 시간에 30대 남성이 내게 말해준 경험담이다. 그는 급한 사정이 생겨서 운영 중이던 요가원을 한두 달 안에 접어야 했다. 시간이 너무 없어서 요가원을 인수할 사람을 찾을 수도 없는 형편이었다. 그런데 이렇게 그냥 접으면 적지 않게 들인 인테리어 비용을 다 날리는 것은 물론이고, 원상 복구를 위해서 다시 돈을 들여야 했다. 안 그래도 넉넉지 않은 형편에 다시 돈을 더 날릴 생각을 하니 며칠 동안 걱정이 태산이었다.

그러다 EFT가 생각나서 이런 답답한 마음을 EFT로 지우고 더불어 확언도 해보기로 했다. '나는 요가원을 인수할 사람이 생겨서 적당한 돈을 받고 잘 넘긴다' 한두 달 안에 과연 이게 될까 하는 의심이 자꾸 들었지만, 어차피 손해볼 것 없다는 마음으로 EFT로 의심과 걱정을 지우면서 일주일 정도 꾸준히 확언을 했다. 확언을 하면서 양수자가 짜짠 하고 나타나는 상상까지 하다 보니 정말 될 수도 있겠다는 느낌이 들기까지 했다.

그러다 갑자기 작은 아이디어가 하나 떠올랐다. 그는 마음공부와 관련된 몇 개의 인터넷 카페에 가입되어 있었는데 여기에 요가원 양도 광고를 내는 것이었다. 냉정하게 현실적으로 생각하면 별로 가능성이 없는 시도였지만 어쨌든 그 당시에 그는 왠지 느낌이 좋아서 서너 곳에 요가원 양도 광고를 냈다. 그런데 놀랍게도 불과 며칠 만에 그 광고를 보고 양수자가 나타났다. 그는 원상 복구비용을 건졌을 뿐만 아니라 적지 않은 액수의 시설비까지 받게 되었다.

그는 마지막에 이런 말을 했다. "애초에 확언을 안 했더라면 다 포기하고 아무것도 안 했을 텐데, 확언을 하니까 왠지 될 것 같아서 이런 저런 시도를 하게 되었고, 그러다 보니 원하던 것을 얻게 되었던 것 같아요. 이게 확언으로 성공하는 이유인 것 같아요."

이렇게 승진이 되고 연봉이 오르다니!

약 20여 명에게 확언에 대해 강의하고 있었을 때의 일이다. 그때는 마침 자신이 이루고 싶은 것을 직접 확언으로 만들어 보는 시간이었다. 다들 한창 확언을 만들고 있는데 한 30대 직장 여성이 내게 물었다. "저는요 승진과 연봉 인상을 확언하고 싶은데요…. 현실적으로 불가능해서 확언을 할 수가 없어요." 이에 그 까닭을 들어 보니 회사가 작아서 승진할 자리도 아예 없고 몇 년 동안 회사 실적도 나빠서 연봉 인상도 거의 어렵다는 것이었다.

그래서 내가 물었다. "이게 하늘 위를 날고 물 위를 걷는 것처럼 100% 불가능한 것인가요?" "100% 불가능은 아니죠." "그럼 그냥 해 보세요. 밑져야 본전이고 손해 볼 것도 없는데." 그러다 다시 딱 일 년이 지나서 윗 단계 확언 강의에 마침 그녀가 참가했다. "그때 선생님이 그렇게 말해서 그냥 편안하게 '나는 팀장으로 승진하고 연봉도 ㅇㅇㅇ(정확한 액수는 프라이버시라 물어보지 않았다) 원으로 오른다'고 몇 달 동안 확언했는데, 결국 됐어요."

　자세한 내막을 물어보니 그녀의 회사가 더 큰 회사에 갑자기 인수합병 되면서 빈자리가 생겨서 승진했고, 이에 연봉도 대폭 올랐다는 것이었다. 이렇게 확언은 누구도 예상하지 못하는 방식으로 이루어지는 경우가 대부분이다.

"마음이 바뀌면 우주가 바뀐다!"

나의 한마디

지성이면 감천이라는 속담이 있다. 지극한 정성은 하늘을 감동시켜서 움직인다는 뜻인데, 확언과 EFT를 해서 마음이 바뀌면 정말 사람과 상황이 마음에 맞게 바뀌는 일들이 종종 일어난다. 그래서 나는 확언 강의 시간에 종종 이렇게 말한다.

가게가 저절로 나가고 돈이 저절로 들어오다

저는 유나방송 애청자입니다. 제가 EFT를 한 지는 2달이 조금 넘어가는 것 같네요. 항상 자기 전엔 최인원 원장님의 좋은 말씀을 박수 치며 들으면서 편안히 잠들어요. 얼마 전 방송에서 '확언과 EFT로 2년 동안 팔리지 않던 집이 팔렸다'는 미국의 한 사례를 말씀해 주셨어요. 그날도 어김없이 방송을 들으며 톡톡톡 두드렸지요. 그런데 도서관에서 공부를 마치고 막 들어온 저에게 어머니께서 "세상에 이런 일도 있구나!" 하면서 최근에 일어난 일을 신나게 말씀해 주시더군요.

어머니께서 장사가 잘 안 돼서 2년 전에 가게를 내놓으셨어요. 하지만 2년 동안 보러 오는 사람이 한 명도 없어서 권리금을 다 날리게 되어 한숨만 푹푹 쉬셨어요. "그냥 다 털고 나올까?" 하시면서 쓴웃음을 지으시는 어머니 얼굴을 바라보는 것도 답답하고, 다 큰 자식이 어머니께 아무 도움도 못 되어드리는 자괴감도 크게 들었어요.

근데 이게 웬일인가요! 일주일 전에 한 분이 가게를 보고 가셨는데 그분이 가게를 산다고 하셨답니다. 금액도 손해 보는 것 없이 고스란히 받게 됐고요. 게다가 건물주가 갑자기 바뀌었는데 전 주인이 새 주인에게 말씀을 잘 해 주셔서 권리금도 어느 정도 받을 수 있다고 하시더군요. 이 말을 들으면서 제가 얼마나 놀랐는지 모릅니다. 왜냐하면 유나방송에서 최인원 원장님께 들었던 내용과 거의 흡사하기 때문이죠.

이것뿐만이 아닙니다. 어머니는 사람이 좋으셔서 함께 일하시던 직원 분들이 어려울 때 도움을 주시곤 했습니다. 맨 날 가게로 걸려오는 빚 독촉 전화 때문에 괴로워하는 직원이 한 분 계셨습니다. 사정이 딱한 것을 모른 척할 수 없어서 힘든 상황에서도 어머니는 그분을 믿고 300만원을 빌려주셨습니다. 이게 3년 전 일인데 그 돈을 여태까지 못 받고 있어서 속상해 하셨어요. 근데 이게 또 웬일일까요. 그분

이 결혼을 하시면서 남편 되실 분이 그 돈을 갚아주셨답니다. 무려 3년 만에 그 돈을 받게 된 거지요. 갑자기 일어난 이런 일들에 어머니는 "세상에 이런 일이!"를 연발하고 계십니다. 이 모든 게 일주일 만에 일어난 일입니다. 덕분에 저도 이제 부담 없이 치과에 갈 수 있게 되었습니다.

저는 매일 아침에 공부하러 가기 전에 유나방송의 '돈과 풍요를 부르는 확언'을 들으며 5분정도 두드립니다. 밤에 집에 와서는 원장님 강의를 들으며 두드리고, 앞으로 봐야 할 시험에 대해 또 두드리고, 마지막으로 어머니와 아버지, 누나를 위해서 조금 두드립니다. 4월엔 둘째 조카가 태어나는데, 어머니가 그렇게 바라시던 '장군님'이라네요. 제가 시험에만 붙으면 삼단콤보입니다.

EFT를 시작한 이후로 저도 많이 변했지만, 주변의 상황들도 변해가는 게 느껴집니다. 이런 경험담을 올릴 수 있게 되어 너무나 감사합니다. 더욱 많은 경험담을 올릴 수 있게 되기를 선택합니다. EFT를 알게 해 주셔서 매우 감사합니다. 사랑합니다.

이 사례도 역시 내가 앞에서 말했던 것을 다시 한 번 상기시켜준다. "내면 상태는 늘 외부에 반영된다. 마음이 바뀌면 우주가 바뀐다." 이제 슬슬 이 말이 믿어지지 않는가!

파산의 위기를 넘기고 부자가 되다

제가 예전에 최인원 원장님께 EFT 강의를 들었습니다. 사실 그때가 제 인생의 암흑기였어요. 빚이 몇 장(억)인지 차마 다 세지 못하겠는데, 남은 것이라고는 달랑 몇 푼 되지도 않았습니다. 게다가 설상가상으로 카드사, 제2금융권, 사채까지 다 써서, 브로커 끼고 겨우 대출 얻어서 지금의 한의원을 열었습니다. 진짜로 하루 딱 20만원이라도 벌면 행복했던 시절입니다. 너무 절실해서 날마다 EFT도 하고 확언도 하면서 출퇴근했습니다.

'하루 환자 150명에 한약 15재'라는 확언을 입에 줄줄 외면서 달고 다녔죠. 그 정도는 해야 빚을 갚을 희망이 있었으니까요. 그런데 진짜로 오픈하고 3달 만에 한 달 매출 5000만 원까지 올렸네요. 최고 8000만 원까지도 갔습니다. 이후에 있었던 몇 가지 행운으로 빚도 다 갚았습니다. 사실 딴 데 투자하느라 은행 빚은 좀 있어요. 돈 문제가 해결되니 한참 안하다 요즘 다시 목표를 설정해서 확언과 EFT 시작했습니다.

이 분의 사례는 아주 드라마틱하다. 처음 이 사례를 들었을 때 내가 먼저 깜짝 놀랐을 정도였다. 수많은 사례 중에서도 이 분이 가장 빨리 가장 큰돈을 번 것 같다. 사실 액수와 기간만 보자면 이 분이 나보다 더 빨리 더 많은 돈을 번 것 같다. 그런데 액수나 시간보다 더 중요한 것은 이것이다. '어쨌든 확언과 EFT를 꾸준히 하다 보면 마음이 바뀌고, 소득과 상황은 그에 맞게 꾸준히 바뀐다!'

매출이 2배로 뛰다

어느 날 내게 한 의사분이 극심한 만성피로로 찾아왔다. 그의 만성피로는 몇 년째 너무 극심해서 오후가 되면 일상생활이 불가능할 정도였다. 그런데 그가 나를 찾아오게 된 계기가 아주 재미있었다. 그는 몇 달 전에 강남에서 성형외과 의원을 하는 선배를 만나서 이런 말을 들었다. "내가 너에게 아주 신기하고 영험한 책을 줄 텐데, 지금은 믿기 어렵겠지만 어쨌든 이 책대로만 하면 무엇이든 반드시 된다." 그때 나의 책『5분의 기적 EFT』를 받은 것이다. 이렇게 EFT를 알게 되어 나를 찾아온 것이었다.

그가 들은 선배의 경험을 요약하면 다음과 같다. 그는 종합병원에서 근무하다가 의기양양하게 강남에 성형외과 의원을 차리게 되었는데, 첫 기대와 달리 대략 일 년 동안 경영 상태가 너무 좋지 않았다. 월 매출이 1억 정도 되는데 강남의 비싼 임대료나 광고비 등의 고정 경비를 다 제하면, 이 정도로는 순익이 너무 적어서 그냥 월급 받는 것보다 못한 지경이었다. 그래서 고심에 고심을 거듭하다『5분의 기적 EFT』를 보고서는 이런 확언을 했다. "나는 매달 2억 원의 매출을 쉽게 달성한다."

이 확언을 6개월 정도 지속하자 마침내 매출 2억을 달성하였고 이 매출을 1년 이상 달성하였다. 최근에 갑자기 매출이 확 떨어지는 일이 생겨서 주변에서 다들 걱정을 해 주는데도 그는 도리어 이렇게 말했다.

"돈은 마음이야. 마음 따라 들어와. 걱정하지 마!" 이렇게 마음의 여유가 생겼을 뿐만 아니라, 그는 병원 명함에 '몸처럼 마음도 예뻐져야 합니다'라는 문구를 넣어 『5분의 기적 EFT』를 모든 환자들에게 선물로 주고 있고 환자들의 만족도와 평판도 갈수록 올라가는 상황이라고 했다.

이렇게 확언과 EFT로 매출, 소득, 연봉 등이 올랐다는 사람은 내가 들은 것만으로 도 다 셀 수 없을 정도다. 그러니 이제 독자 여러분도 확언과 EFT로 풍요로운 삶 을 살아보고 싶지 않은가?

몸도 낫고 평생 최고의 매출도 올리다

저는 경북 영주시 풍기읍에 살고 있는 ○○○이라고 합니다. 『EFT로 낫지 않은 통 증은 없다』를 처음 접하고 따라하면서 10년 동안 고생했던 좌골신경통이 아주 많이 좋아졌습니다. 하지정맥류만 조금 남아 있습니다. 그리고 돈에 대해 이렇게 확언도 해 보았습니다. "나는 오늘 아무런 거리낌 없이 풍요와 번영을 상징하는 이천만 원 의 매출을 쑥쑥 올리는 것을 선택합니다."

이런 확언을 5개월째 아침에 일어나자마자 매장에 출근할 때까지 하였습니다.

사실 명절을 제외하고는 평일에는 이런 매출을 올리는 것은 상상도 안 되는 일이었는데 놀랍게도 이번에 달성했습니다.

평소의 기본 매출을 생각하면 아직도 이 일이 꿈인지 생신지 분간이 안 됩니다. 약간의 부작용도 생겼습니다. 공장에서 준비가 덜 되어 상품 준비하느라고 고생을 했습니다만 다행히 잘 해결되었습니다. 원장님의 유나방송에 댓글로 달려다 다들 잘 하고 있는데, 괜히 저 혼자 요란 떠는 것 같아서 쪽지로 이렇게 감사의 인사드립니다. 늘 건강하시고 앞으로도 즐겁고 유익한 방송 부탁드립니다.

고맙습니다. 정말 감사드립니다.

나의 한마디

이 분은 유나방송에서 나의 EFT를 듣고 경험한 사례를 올린 것이다. 확언과 EFT 는 이렇게 종종 기적을 일으킨다.

초인적인 능력을 발휘하다

저는 지난주에 중국의 오대산을 다녀왔습니다. 무려 해발 고도 2880미터 이상의 봉우리가 다섯 개가 있다고 해서 오대산입니다. 이 다섯 개 봉우리의 총 길이는 46킬로미터나 되는데 17시간 35분 만에 그것도 단번에 종주를 했습니다. 산 잘 타는 분 36명이 같이 도전했는데 저 혼자만 성공했습니다. 저는 전문 산악인도 아니고 산을 탄 지 1년 정도밖에 되지 않았지만 1시간마다 2~3분씩 EFT와 확언을 하면서 종주를 마쳤습니다.

'한계에 도전하라. 극한의 순간에 찰나의 뽕 감을 느껴라!'라는 선생님 말에 고무되어서 산행 신청을 하고 한국인으로서는 처음으로 5대 종주를 마치는 믿기지 않는 결과를 얻었습니다. 저에게 정말 기적이 일어났습니다. 마지막 봉우리를 올랐을 때에는 말 그대로 '뽕 감'을 맛봤습니다. 북경의 잡지사에서도 저를 취재하러 오고 지인들에게 축하 전화도 많이 받았습니다. 이 모든 것이 EFT와 확언에 의한 긍정 에너지 덕분입니다.

몸무게도 10킬로그램이나 줄었고 아주 행복합니다. 나 자신을 더 믿기 시작했습니다. 등산 내내 한 시간마다 EFT와 확언을 했었습니다. "나는 전문 산악인도 아니고 고산증으로 머리가 아프고 다리도 아파서 포기하고 싶지만 마음속 깊이 진심으로 나를 받아들이고 나는 저 정상을 향해 나의 꿈을 위해서 반드시 간다." 선생님의 방송이 저의 인생을 바꿔 놓았습니다. 감사합니다. 늘 건강하고 행복하십시오.

나의 한마디

유나방송에서 나의 EFT 강의를 들은 분의 소감문이다. 앞에서 보듯 EFT와 확언은 우리 안의 잠재능력을 무궁무진하게 끌어내는 효과가 있다. 확언과 EFT를 하면 시인은 시를 더 잘 쓰고, 화가는 그림을 더 잘 그리고, 사업가는 사업이 더 잘 된다.

EFT하고 확언하면서 스키 탔더니 회춘하다

스키를 타기 시작한 지는 7년째인데, 아기 낳고서는 체력, 특히 무릎이 약해져서 한두 번 타면 지쳐서 못 탔습니다. 올해에도 역시나 처음에 긴 슬로프를 두 번 타고 나니까 몸이 아주 피곤했습니다. 무릎도 서서히 아파오구요. 하지만 올해에는 EFT가 있으니까 좀 달라졌겠죠? 좀 쉬면서 피로와 무릎 통증에 대한 EFT를 했습니다. 전 같으면 '여기가 한계야'라고 하면서 그만 탔겠지만 EFT로 몸이 금방 좋아질 것을 아니까 또 탔습니다. 타면서 무릎이 아플 때마다 EFT를 해 주었습니다.

타다 보면 다리에 힘이 빠지는 느낌이 들고, 그러면 넘어질까 봐 불안해지고, 그러면 다시 안 넘어 지려고 다리에 힘이 더 들어갔어요. 그래서 잠깐 멈추고 불안을 EFT로 지웠어요. 다리 아픈 것도 잠깐씩 EFT로 풀었어요. 그런데 잠깐씩만 하다 보니 불안과 통증을 완전히 제거하지 못한 채로 계속 타게 되었어요. 그러다 나중에는 녹초가 되고 다리도 많이 아파서 확언을 하면서 두드렸어요. "나는 본 스키어(born skier 타고난 스키어)다. 몸이 힘들어도 스키를 즐기며 탈 수 있다." 톡톡톡톡톡. 마지막에 두 번 정도 슬로프를 더 탔는데, 확언의 위력이 발휘되었어요. 제 몸이 스스로 하도록 맡기게 되었어요.

그러고 보니 저는 태어나서 몸이 스스로 하도록 맡긴 적이 없었더라고요. 늘 머리로 조종하려들었죠. 빨리 미끄러지는데도 힘을 빼고 몸에게 맡기니 너무나 즐거워지는 거예요. 서너 번은 쉬면서 타던 코스를 거의 한 번에 내려왔어요. 힘이 안 들었으니까요. 심지어 나중에는 스키장의 음악에 맞춰 스키가 타지는 거예요. 완전히 회춘한 기분이었어요. 이게 회춘 아니겠어요?

야간까지 타고 싶었지만 EFT를 했더니 욕심이 사그라져서 이쯤 하고 들어왔어요. 무려 아침 10시에서 4시까지 중간에 잠깐 쉬면서 연이어 탔더라고요. 정말 회춘이에요. 다음 날이 되니 EFT 했던 무릎은 멀쩡한데 안 해 준 무릎은 통증이 왔어요. EFT가 통증에 정말 효과가 좋고 더불어 운동 능력 향상에도 탁월한 효과가 있다는 것을 실감했어요.

확언으로 무려 2억 5천만 원의 차액을 남기다

나와 아내에게는 강남에 아파트 한 채가 있었는데, 무려 대출이 7억 원까지 이르자 이 아파트를 처분해서 먼저 빚을 갚아야할 상황이 되었다. 강남에 아파트를 갖고 있다고 해도 대출을 제하고 나면 깡통에 지나지 않는 재산이었다. 2010년 무렵에 인근 아파트가 재건축되면서 우리의 아파트가 9억 원까지 오를 거라는 헛된 기대가 있었지만, 누구나 알다시피 이때나 그때나 부동산 경기는 죽내리막이었다. 그 당시 시세로 동일 평수의 아파트들이 6억 원대 정도였는데, 대출 7억 원을 갚고 나면 마이너스 1억 원이 되어, 전세나 월세를 얻을 형편도 못 되었다. 나와 아내는 확언을 했다. "우리 집이 9억 원에 술술 팔린다."

우리는 이 확언을 재미삼아 틈틈이 되새겼고, 심지어는 동요로 만들어 부르기도 했다. 현실에 비춰 터무니없는 기대였지만, 이때쯤 우리는 확언에 워낙 익숙해져서 아무런 의심도 집착도 없었다. 그렇게 한 일 년이 지나자 2011년에 너무 침체된 부동산 경기를 살려보려고 정부에서 응급 대책을 내놓았다. 하지만 그럼에도 전국의 부동산은 전혀 살아날 기미가 없었는데 유독 우리 지역만이 집값이 들썩거렸다.

이에 우리는 이때가 호기라고 생각하고 9억 원에 집을 내놓았고 마침내 처음으로 한 사람이 보러 왔다. "집은 좋은데 가격이 너무 비싸네요!" 한시바삐 돈이 필요한 상황이었지만 우리는 확언을 믿고 기다렸다. 그러다 집을 내놓은 지 딱 일주일 만에 두 번째 사람이 찾아와서 바로 8억 9천만 원에 계약을 했다. 그런데 더 놀라운 것은 우리가 집을 팔자마자 몇 달이 채 지나지 않아서 집값이 다시 내려가서 2014년 말 현재까지 우리가 판 가격이 최고 기록으로 남아 있다. 그래서 우리는 확언만으로 무려 2억 5천만 원 이상의 차액을 남겨 괜찮은 집으로 이사 갈 수 있었다.

돌아보면 이 거래 과정 자체가 드라마틱했다. 애초에 우리는 집을 9억 원에 내놓았는데, 부동산 사장님은 8억 9천만 원으로 알고 있었다. 그런데 삼자 최종 협상 과정에서 이 입장 차이가 드러나서 우리는 9억 원을 고수할지 고민하고 부동산 사장님은 난감해서 어쩔 줄 몰라 하는 와중에, 매수자는 가격을 흥정할 엄두도 못 내다가 우리가 이 가격을 승낙하자 그냥 바로 거래가 끝나 버렸다. 매수자와 사장님이 우리의 마음이 변할까 봐 서둘렀기 때문이다.

만약 그때 이런 착오가 없었더라면 매수자가 가격 협상을 시도하느라고 거래가 지연되거나, 가격이 확 더 떨어졌을 가능성이 컸다. 결국 우리의 확언은 아주 교묘하고 자연스럽게 누구도 알지 못하는 방식으로 이렇게 실현되었던 것이다.

악랄한 담당자가 바뀌다

나의 EFT와 확언 강의에는 사업가들이 많이 온다. 확언과 EFT가 확실히 사업에 도움이 된다는 것을 체감하기 때문이다. 어느 중견기업 사장님이 내게 강의를 들었다. 그는 20년째 한국에서 알아주는 포장박스 제조업을 하고 있었다. 하루는 아주 중요한 거래처의 담당자가 바뀌었는데 이런 저런 말도 안 되는 트집을 잡아서 몇 달 동안 그를 괴롭혔다. 눈치를 보니 뒷돈을 달라는 것이었다. 이분은 평생 원칙대로 사업을 해 왔고, 뒷돈을 준다 하더라도 결국은 끝이 좋지 않기 때문에 모른 채하느라 계속 시달렸다. 그렇다고 거래를 끊으면 회사가 휘청거릴 정도로 큰 거래처여서 고민이 이만저만이 아니었다.

나는 평소 강의에서 악연을 정리하는 방법을 이렇게 종종 말한다. "마음에 미움이 있으면 그 미움에 반응하는 상황과 사람이 자주 나타납니다. 그럴수록 미움을 버려야 악연이 정리됩니다." 이분은 나의 이 말이 생각나서 새벽마다 일어나서 EFT를 하면서 그 담당자에게 느끼는 온갖 분노와 미움을 자꾸 지웠다. 그렇게 한 달이 지나자 놀라운 일이 일어났다. 그 담당자가 딴 부서로 가버린 것이다.

EFT로 악연의
쇠사슬을 벗어나라!

이런 사례는 많다. 내게 공황장애로 치료받고 있던 한 여성은 남편이 폭군 같은 상사에게 너무 시달려서 마음이 많이 아팠다. 그래서 남편에게 EFT로 스트레스를 풀라고 했는데 도통 말을 듣지를 않아서, 남편을 위해 대리 EFT(자신이 남편인 듯이 EFT하는 것)를 했다. 몇 주 정도 이렇게 EFT를 하자 놀라운 일이 일어났다. 그 상사가 회사에서 쫓겨난 것이다.

나는 종종 이렇게 말한다. "외부의 상황과 사람은 늘 내 마음에 반응해서 일어납니다. 마음에 분노가 가득하면 분노를 일으키는 상황과 사람이 자꾸 나타나고, 두려움이 가득하면 두려움을 일으키는 상황과 사람이 자꾸 나타납니다. 외부의 상황과 사람을 바꾸려면 먼저 내면의 생각과 감정을 바꾸세요."

내면(마음)과 외부(세상 또는 사건 또는 사람)의 상응 현상에 대해서 저명한 정신과 의사 칼 융은 일찍이 '동시성(synchronicity)의 원리'라고 이름 붙여 설명했다. 그가 겪은 유명한 일화가 있다. 한때 융은 그의 직관적인 치료에 저항하는 지나치게 합리적인 여성을 상담하고 있었다. 그녀는 어제 꾼 꿈에 대해 말하고 있었다. 황금색 풍뎅이 모양의 고귀한 보석을 선물로 받는 내용이었다.
순간 창쪽에 소리가 나서 융이 돌아보니 마침 황금색 풍뎅이가 유리창을 두드리고 있었다. 이에 융은 바로 이 풍뎅이를 붙잡아서 건네며 말했다. "여기에 그 풍뎅이가 있소." 이후, 그 여성은 합리주의를 초월한 세계에 마음을 열게 되고 치료가 잘 진행되었다. 칼 융은 이렇게 말한다.

"동시성의 현상은 볼 줄 알면 바로 여기에서 늘 벌어지는 현실이다."

한 달 만에 바로 3천만 원이 생기다

어느 날 40대 남성이 경제적 어려움으로 나를 찾아왔다. 그의 당시 상황은 참 심각했다. 늦게 시작한 결혼생활도 결혼 4년 만에 끝났고 이혼 소송만 1년째 하고 있어서 남은 돈도 거의 없었다. 상담을 하다 보니 돈을 못 버는 몇 가지 요인이 나왔다.

첫째 거절을 못하는 성격이라 돈을 잘 빌려주고 떼였다. 둘째 요구를 못하는 성격이라 자기 것을 못 챙겼다. 셋째 전형적인 백치 체질^{278쪽 돈 체질 참고}이라 돈에 대한 개념이 없었다.

그래서 EFT로 거절 못 하는 마음과 요구를 못 하는 마음을 고쳐 주었고, 백치 체질을 개선하기 위해서 금전출납부를 적게 했으며, "나는 지금 당장 여기저기서 돈이 생긴다"고 확언하게 했다. 그러자 한 달 만에 무려 3천만 원 정도의 돈이 생겼다. 그는 평소에 마음이 여려서 여기저기 빌려주고서는 달라는 말도 못해서 못 받은 돈이 2천여만 원 있었는데 이제 아주 당당하게 요구하게 되었고 빌려준 돈을 다 받았다.

또 전에는 엄두도 못 내던 성과금과 연봉 인상을 요구해서 직장에서 몇 백만 원을 받았다. 게다가 금전출납부를 쓰면서 월세로 너무 많은 돈이 나가고 있음을 알게 되어 당장 전셋집으로 옮겨서 월세도 몇 십만 원 아끼게 되었다. 그 결과 그는 한 달 만에 거의 3천만 원 정도 되는 돈을 수중에 넣게 되었다. 이상은 '돈은 마음이다'라는 나의 주장을 잘 보여주는 사례라고 할 수 있다.

돈 체질을 알면 돈과 행복이 보인다
It's not about the money, Brent Kessel

체질 의학을 하는 사람들은 종종 이런 주장을 한다. "체질을 알면 병이 보인다" 자신의 체질을 알면 체질에 따라 걸리기 쉬운 병을 미리 알아 예방할 수 있고 체질에 따른 건강법을 익혀두면 건강을 유지할 수 있다고 한다. 마찬가지로 돈에 대해서도 체질이 있다. 돈 체질을 한마디로 정의한다면 돈에 대한 8가지의 심리적 태도와 경향성이라고 할 수 있다. 돈 체질을 알면 체질에 따라서 돈과 마음을 다루는 법을 알게 되어서 행복과 부를 동시에 추구할 수 있다. 그래서 나는 이렇게 말하고 싶다.

"돈 체질을 알면 돈과 행복이 보인다."

다음 페이지에 돈 체질 판별 설문지가 준비되어 있다. 이 설문지 질문에 답을 체크하고 나면 나의 돈 체질을 알 수 있다.
나의 돈 체질을 확인한 후에 〈체질별 돈 건강법〉을 읽어 보라. 당신의 돈과 마음을 다룰 수 있을 것이다. 이제부터 당신은 돈 걱정에서 벗어날 수 있다.

〈체질 판별 설문지〉

※ 다음 각 질문에 해당하는 답을 하나 또는 그 이상 골라 보라. 그리고 그 답에 해당하는 체질에 체크하라.

1. 돈이 있으면 대체로 나는 ＿＿＿＿＿＿＿＿＿＿ 한다.

A 걱정하지 않게 된다. B 좋아하는 상품과 서비스를 사게 된다. C 창의적이거나 정신적이거나 의미 있는 것을 할 자유가 생긴다. D 안심이 되고 부자가 된 것 같다. E 주변 사람에게 중요한 사람으로 인정받을 것 같다. F 어쨌든 늘 잘 될 거라고 믿게 된다. G 내 돈을 들여서 남들을 챙기게 된다. H 시간과 돈을 다시 나의 일과 사업에 투자하게 된다.

A 특전사 B 베짱이 C 샌님 D 개미 E 연예인 F 백치 G 돌보미 H 제왕

2. 돈과 관련된 상황에서 나는 심할 때에는 ＿＿＿＿＿＿＿＿＿＿ 한다.

A 혼란스럽고 회피하기도 한다. B 내 것 안 챙기고 다 퍼주기도 한다. C 충동적이고 쾌락만 추구하기도 한다. D 인색하고 아끼기도 한다. E 대체로 불안하고 걱정하기도 한다. F 불평과 불만에 빠져서 거저 거부하기도 한다. G 대체로 야망이 크고 허세를 부리기도 한다. H 관심과 인정을 갈망하기도 한다.

A 백치 B 돌보미 C 베짱이 D 개미 E 특전사 F 샌님 G 제왕 H 연예인

3. 최근 5년 동안 나의 순자산은 _____ 했다.

A 주로 꾸준히 저축하고 안전하게 투자해서 늘었다. B 대체로 목표도 없고 친지들에게 많이 베풀다 보니 줄었다. C 주로 일과 관련된 연봉 인상이나 상여금이나 성과금 때문에 또는 집이나 사업이나 투자 자산의 가치가 늘어서 증가했다. D 주로 과소비해서 줄었다. E 나에게 안전한 느낌을 주지 못했다. F 나는 이 질문 자체가 중요한지도 모르겠고 잘 알지도 못한다.

A 개미   B 백치, 돌보미   C 제왕, 연예인   D 베짱이, 연예인   E 특전사   F 백치, 샌님

4. 다음 중 어느 규칙을 당신은 주로 따르는가? (   )

A 저승 갈 때 들고 가는 것도 아닌데, 돈 있을 때 즐겨.
B 받는 것보다는 주는 게 편하다.
C 티끌모아 태산이다.
D 대기업이나 정부는 믿을 수 없다.
E 한시라도 조심하지 않으면 잘 못 될 수 있다.

A 베짱이, 연예인, 백치   B 돌보미, 샌님   C 개미, 제왕   D 샌님, 제왕   E 특전사

5. 최근 3년간 다음 중 나에게 해당하는 것은? (   )

A 나는 경제적으로 빚을 내는 것을 포함해서 남에게 의존했었다.
B 직원들을 포함해서 남들이 나에게 경제적으로 의존했다.
C 경제적으로 남에게 의존하지도 않았고, 나에게 의존한 사람도 없었다.

A 베짱이, 샌님, 연예인, 백치   B 돌보미, 개미, 제왕   C 특전사, 개미

6. 내가 경제적인 면에서 보여줄 수 있는 것은 _____ 뿐이다.

A 몇 년 동안 엄청나게 사 모은 것들이다.
B 집 말고는 투자라고 할 것이 없어 보여줄 것도 없다.
C 나의 탄탄한 사업이나 내가 가진 적지 않은 부동산이다.
D 나의 주식, 자산 소득, 변액 보험 등이다.
E 도덕적인 기업에 투자한 주식, 개인 수집품, 나의 개인 작품 등이다.
F 멋진 별장, 고급 차, 고급 와인, 보석, 예술품 등이다.
G 부모님, 거머리 같은 가족들, 여러 기부금, 나 없으면 무너질 친지 등이다.
H 대체로 은행 적금, 예금, 채권, 아파트 같은 안전한 고정 자산이다.

A 베짱이   B 백치   C 제왕   D 개미   E 샌님   F 연예인   G 돌보미   H 특전사

〈체질 판정표〉

※ 이제 다음 각 체질 옆의 빈 칸에 체크된 수를 적어보라. 그리고 가장 많이 체크된 체질 세 개를 순서대로 나열해 보라. 그것이 당신의 돈 체질이다.

〈체질별 돈 건강법〉

특전사 체질

이들에게 '돈=생존=언제 깨질지 모르는 고려청자'이다. 이들은 한마디로 돈에 관한 한 '지구 최후의 날' 시나리오를 늘 내면에 갖고 산다.

이들의 특징은 크게 다음과 같다.

① 이들은 경제적 문제에 대한 결정을 내릴 때 두 가지의 극단에 빠지는 경향이 있다. 첫째 머리로는 최상의 판단이라고 생각하면서도 두려움에 마음이 얼어붙어서 결정을 못 한다. 둘째 지나치게 분석을 하고서야 겨우 결정을 내린다.

② 이들은 언제 어디서 무슨 일이 생겨서 경제적으로 끝장날지 모른다는 최악의 시나리오에 따라 산다. 그래서 보통 사람들은 생각하지도 않는 최악의 경우의 수를 늘 생각하고 대비하느라 불안하다.

③ 이들은 늘 경제적 두려움에 쫓겨 산다. 이미 경제적으로 연금이나 저축 등의 충분한 대비를 해 놓고서도 대공황이나 천재지변 같은 엄청난 사태로 이것들마저 잘못될까 봐 늘 불안하다.

이 체질은 돈에 대한 두려움의 근원에는 생존의 두려움이 있다. 이들은 어렸을 때 극심한 돈 트라우마를 경험한 사람들이다. 이 유형은 아무리 많은 돈을 가져도 늘 불안해서 삶을 즐기지 못한다. 이들은 돈과 관련해서 다음과 같은 신념들을 갖고 있기 때문이다. '잘못하면 내 돈이 순식간에 바닥날 수 있어. 세계적 불황이나 천재지변으로 내 재산이 순식간에 사라질 수도 있어. 나의 투자가 100% 안전한 것은 아니야. 내 가족들이 돈을 너무 쉽게 써 버려서 불안해. 조심하지 않으면 언제 어디서

어떻게 될지 몰라.'

물론 만약의 상황을 대비해서 적당한 저축을 하는 것은 안심되고 좋은 것이다. 하지만 이들은 늘 '최악의 시나리오'를 마음에 두고 살기 때문에 돈이 아무리 많아도 안심되지 않고, 또 경제적 결정을 할 때마다 너무 큰 고통을 겪는다. 그러니 삶이 늘 고통스럽다. 이들의 가장 큰 문제는 삶을 즐길 줄 모른다는 것이다.

〈특전사 체질의 돈 건강법〉

① 특전사 체질은 대부분 어렸을 때 극심한 돈 트라우마를 겪은 사람들이다. 그러니 앞[124쪽 참조]에 나온 '돈 트라우마 해결하기'를 읽고 돈 트라우마를 치료하자.

② '1장 돈이란 무엇인가? 돈은 돈이 아니라 마음이다'를 읽으면서 돈이 행복이 아니라 행복이 돈이라는 것을 다시 한 번 이해하자.

③ '돈=안전=생명'이기도 하지만 '돈=쾌락=행복'이기도 하다. 그러니 매달 일정 비율(10~30%정도)의 돈을 취미 생활이나 문화생활에 쓰면서 즐겨 보자.

베짱이 체질

이들의 마음에서 '돈=쾌락=행복'의 공식이 있다.

이들의 특징은 다음과 같다.

① 소득의 5%도 저축하지 않는다. 그래서 당장 직장을 잃으면 3~6개월도 버티기 힘들다.

② 부채가 자산보다 많다. 신용카드로 이것저것 막 사들이면서 상환을 최대한 뒤로 늦춘다.

③ 고급차, 명품 가방, 보석, 해외여행 등에 많은 돈을 쓰고 이것 때문에 가족 간에

갈등이 잦다.

④ 기분이 처지면 필요 없는 쇼핑을 과도하게 하면서 일시적으로 위안을 얻는다.

⑤ 노후를 대비한 자산 대책이 전혀 없다.

'왜 고생하면서 살아? 아끼면 뭐해? 일단 쓰고 살자.' 이것이 그들 내면의 주된 신념이다. 그래서 극단으로 가면 '일단 쓰고 보자'를 넘어서 '쓰고 죽자'가 된다. 이 체질의 사람들은 일단 사고 나중에 갚자는 식의 생활을 한다. 그러나 여기에는 엄청난 위험이 도사리고 있다. 2000년에 208만 4천 명의 신용불량자가 발생했고, 그중 카드 관련 비중은 21.3%이었다. 2004년에는 361만 5천 명의 신용불량자가 발생했고, 그중 카드 관련 비중은 67.3%였다.

이렇게 신용불량자 중 카드 관련 비중은 4년 만에 3배 이상으로 증가했고 카드 관련 건수의 대부분은 현금 서비스였다. 아마 이 건수의 대부분이 소위 '카드 돌려막기'였을 것이다. 그리고 이들 신용불량자들 중 상당수는 베짱이 체질이다. 신용카드 회사에게 이들 베짱이 체질은 아주 좋은 먹잇감이다.

출처: 「신용카드와 신용 불량자 문제의 재조명」, 노성태, 한국경제연구원

그런데 인간은 왜 이렇게 쇼핑에 중독될까? 쇼핑과 마약 중독은 뇌에 미치는 영향이 같다. 소비에 과도하게 몰두하는 사람들은 내면에 분노, 열등감, 창피함, 공허함, 좌절감, 초라함, 슬픔, 외로움 등의 부정적 감정이 많고, 쇼핑으로 잠시라도 이런 감정들에서 벗어나고 싶어 하는 것이다. 하지만 그 효과는 너무나 일시적이라서 잠시도 쇼핑을 멈출 수가 없고 그 결과 신용불량자의 길로 접어드는 것이다.

〈베짱이 체질의 돈 건강법〉

① 쇼핑이나 소비를 하지 않을 때에 어떤 불편한 감정이 드는가? 이제 그런 감정들을 EFT로 지워 보라. 지워지는 만큼 쇼핑의 욕구도 줄어들 것이다.

② 행복은 감사에 비례한다. 앞^{215쪽 참조}에 나온 '감사 EFT'를 해보자.

③ 금전 출납부를 작성하여 돈의 흐름을 파악하고 관리한다.

④ 매달 일정 비율의 돈은 무조건 저축한다.

⑤ 돈을 버는 데에서 재미를 느껴보라. 돈을 쓰는 것 이상으로 버는 것도 재미있고 좋은 경험이다.

샌님 체질

이들에게 '돈=필요악=되도록 피해야 하는 것'이다. 이상주의자는 돈을 죄악시한다. '돈이 만악의 근원이다. 돈이 생기면 나는 변질될 거야. 돈은 행복의 장애물이야. 행복은 가난 속에 있어. 국가와 제도가 모두 썩었어. 국가와 사회를 탐욕에 눈이 먼 기업이 지배하고 있어.' 그들은 돈에 대해서 이런 신념들을 갖고 있다.

그들의 특징을 몇 개 나열해 보자.

① 학자이거나 예술가이거나 종교인이거나 시민단체에서 일한다.

② 소득 공제를 받을 정도로 돈을 벌지 못하거나, 그 정도 벌어도 굳이 소득 공제를 받으려하지 않는다.

③ 생계의 상당 부분을 부모나 배우자에게 의지한다.

④ 주식에 투자를 한다면 사회에 공헌하는 기업에 투자한다. 그래서 석유, 술, 무기 같은 것을 생산하는 기업에 투자하지 않는다.

⑤ 기부를 잘 한다.

그들은 돈을 그냥 생각하기 싫어하고 재수 없어 한다. 그런데 돈을 죄악시한다고 세상이 좋아지지도 않고 돈이 없이 살 수도 없다. 그래서 그들 대신에 그들의 가족들이 경제적 짐을 지고 있는 경우가 대부분이다. 알아보면 상당수 정치인이나 운동권인 남자들이 아내에게 경제적 책임을 맡기고 있다. 결국 모든 이상은 돈이라는 현실 위에서 돌아간다는 사실을 누구도 외면할 수 없다. 그러니 이상주의자 체질은 돈에 대한 현실적인 관점과 대책을 갖는 게 중요하다.

〈샌님 체질의 돈 건강법〉

① 105쪽의 〈돈은 악의 근원이에요〉를 읽고 돈에 대한 긍정적인 가치관을 키운다.
② 스스로 적극적으로 긍정적으로 경제 행위를 실천해 본다. 자 이렇게 확언을 해 보자. "나는 세상에 도움이 되는 방식으로 돈을 벌어서 세상에 도움이 되는 방식으로 이 돈을 잘 쓴다.

개미 체질

이들에게 '돈=식량=안전=생존'이다. 돈을 함부로 쓴다는 것은 상상도 할 수 없다. 그래서 이들은 흔히 이렇게 말하다. '저축을 많이 할수록 안전하게 살아. 다들 너무 많이 써. 너무 낭비해. 만약 갑자기 경기가 나빠진다거나 네 가게 옆에 다른 가게라도 또 들어오면 어떡할래.' 그 결과 이들은 두 가지의 경향성을 갖는다. 검약과 저축 곧 아끼고 모으는 것이다.

그들의 주된 재테크 방식은 다음과 같다. '절대로 원금은 건드리지 마라. 버는 것 이상으로 쓰지 마라. 집과 땅은 절대 팔지 말고 빚은 절대로 지지 마라. 절약이 최고의 재테크다. 절대로 돈으로 애들 망치지 마라.'

그들의 특징은 대체로 다음과 같다.

① 소득의 20% 이상을 저축한다.

② 한 해에 순 자산의 3% 이내에서 소비한다.

③ 해마다 순 자산이 최소 5%씩 증가한다.

④ 쌓여있는 돈에서 안정감과 보람을 느낀다.

이들은 쌓여있는 돈에서 안정감을 느끼며 대체로 경제적인 문제는 없는 편이다. 하지만 검약과 저축에만 집중하다 보면 베풂, 현재의 향유, 나에 대한 투자 등이 희생

되기 싫다. 그 결과 인색해지고, 돈이 있어도 누릴 줄 모르고, 최소한의 생존에만 돈을 쓰다 보니 문화생활에서 소외되기 싶다.

<개미 체질의 돈 건강법>

① 매달 일정액이나 일정 비율의 돈을 취미, 문화생활, 자기 투자에 배분하여 쓴다.

② 35쪽의 <돈은 돈이 아니라 마음이다>를 읽으면서 낙천성을 키운다.

③ 혹시 '돈 트라우마'가 있다면 124쪽 <돈 트라우마>를 보고 돈 트라우마를 치유한다.

연예인 체질

이들에게 '돈=사치=과시=인정'이다. 이들은 사랑과 인정도 돈으로 살 수 있다고 생각한다. 그러다 보니 옷과 외모에 엄청난 돈을 쓴다.

이들의 특징은 대체로 다음과 같다.

① 소득의 25% 이상이 옷, 보석, 미용 등의 외모 가꾸기에 소비된다.

② 기부도 자신의 이미지를 위해서 티 나게 한다.

③ 사업을 할 때에도 수익성 자체보다는 과시할 수 있는 화려한 업종을 선택한다.

④ 소위 명품 소비에 많은 돈을 쓴다.

그런데 타인에게 관심과 인정을 받고 싶은 욕구는 어렸을 때 부모에게서 격려, 인정, 사랑을 받지 못한 경우가 많다. 자존감이 낮을수록 더욱 더 보이는 것에 치중하게 되고, 이들의 부모도 연예인 체질인 경우가 많다. 그들의 내면에서는 공허함과 초라함을 느끼고 이 느낌을 감추려고 더욱 더 과시적 소비에 집중한다. 이들은 엄청난 돈을 벌어도 그것을 초과하는 엄청난 소비를 하기 때문에 결국 종종 파산에

276

이른다. 실제로 국내외에서 엄청난 돈을 벌면서도 파산 선고를 받아 화제가 되는 연예인들이 종종 나오지 않던가!

"지구상의 돈을 모두 쏟아 부어도 고작 한 인간의 허영심도 만족시킬 수는 없다."

〈연예인 체질의 돈 건강법〉

① 이 체질의 문제는 주로 '애정 결핍'이 주 원인이니 149쪽 〈애정 결핍〉을 보고서 치유한다.

② 소비의 원칙을 정한다. 할리우드의 유명 배우 안젤리나 졸리는 총 소득 중에서 1/3은 소비하고, 1/3은 기부하며, 1/3은 저축한다고 한다.

③ 금전 출납부를 쓰며 소비의 행태를 파악한다.

백치 체질

이들에게 '돈=미스터리=무지'이다. 사실상 많은 사람들에게 돈은 종교나 철학만큼 아니 그 이상으로 난해하고 신비하다. 그래서 이들은 맹목적으로 돈을 숭배하거나 회피한다. 이들은 돈이 얼마나 있든 그들의 경제적 미래는 불확실하고 불안하다. 그들은 돈에 대해서 무지하고 돈을 관리하는 기술이 없기 때문이다.

'나는 돈에는 약해. 나는 숫자를 싫어해. 세상에서 제일 싫은 게 가계부 쓰는 거야. 돈 계산은 머리 아파. 벌어도 돈이 남아있질 않아. 늘 이 상태로 여기에 갇혀서 겨우 이 정도 벌면서 살 것 같아. 이 이상 못 벌 것 같아. 먹고 살 정도로 충분히 벌지 못할 것 같아.' 이들이 많이 하는 생각이다.

이들의 특징을 몇 개 나열해 보자.

① 담보 대출 이외에 사소한 대출을 일 년 넘게 갖고 있고, 석 달 생활비도 안 되는 돈만 저축해 놓고 있다.

② 갑자기 사고나 경조사 등의 급한 일이 생기면 당장 적자가 날 형편이다.

③ 많이 벌든 적게 벌든 버는 족족 막 쓰면서 살다보니 늘 돈에 쫓긴다.

④ 과거에 약 10년 안에 유산이나 복권 당첨이나 퇴직금 등으로 목돈을 받았지만 다 써버리고 한 푼도 없다.

⑤ 가계부를 작성하거나 카드 사용 내역서를 확인하느니 차라리 마취 없이 수술 받는 쪽을 선택한다.

⑥ 금융 소득보다 내야 될 대출 이자나 카드 수수료가 더 많다.

현재 소득의 3배 이상을 버는 모습을 상상하라고 하면 이들은 이렇게 말한다. "그림이 안 그려져. 그렇게 많은 돈을 벌려면 내가 아닌 뭔가 다른 사람이 돼야 할 것 같아. 사기꾼이 되거나 엄청나게 운 좋은 사람이 되거나." 이들은 돈을 벌거나 관리하는 것에 대해서는 전형적으로 무지하고 무능함을 드러낸다. 돈은 이런 이들을 현혹한다. 이들은 돈에 대해 어떤 훈련도 못 받아서, 돈에 대한 기본적인 이해도 없다. 그래서 이들은 오히려 요행에 혹하게 되어서 복권이나 다단계 판매 같은 것에 쉽게 걸려든다. 어떤 백치들은 잘 벌기는 하는데 관리는 못하는 경우도 있다.

<백치 체질의 돈 건강법>

① 이 체질은 돈에 대한 막연한 두려움을 갖고 있다. 그러니 돈에 대한 두려움을 EFT로 지워보라.

② 요즘 금융 지능이라는 말을 많이 하는데, 돈에 대한 현실적인 이해는 돈을 버는 가장 중요한 방법이다. 그리고 금융 지능을 키우는 가장 좋은 방법은 금전출납부를 쓰는 것이다. 금융왕 J. P. 모건이나 석유왕 록펠러 모두 평생 금전출납부를 썼고, 자식들에게도 이것을 강조했다.

돌보미 체질

이들에게 '돈=베풂'이다. 어느 날 종갓집 종손으로 70 평생을 온 가족의 뒤치다꺼리를 하면서 살아온 분에게 이제 그만하셔도 된다고 했더니 그가 말했다. "농담해요? 평생 가족들 챙기며 살았어요. 정말 지긋지긋해요. 하지만 어떡해요? 그래도 가족인데." 이들은 자기보다 남이나 가족들을 먼저 챙기며, 자기의 도움이 없으면 그들은 다 굶어죽을 거라고 생각한다. 이들은 이상주의자처럼 돈 자체에는 관심이 없다. 돈은 그저 남들과 나누어 쓰는 게 가장 좋은 것이라고 믿는다.

이들의 몇 가지 특징은 다음과 같다.
① 이들은 종종 너무 일찍 다른 가족들을 책임져야하는 역할을 맡게 된 경우가 많다. 대가족의 장남이나 장녀였을 수도 있고, 돈에 무책임한 부모를 둔 소녀 가장이었을 수도 있다. 또는 가난한 집안에서 그만 유일하게 성공한 자식일 수도 있고, 그만 다른 형제들에 비해 좋은 교육을 받아서 남은 가족에 대한 책임을 질 수도 있다.
② 이들은 받는 것에 서툴다.
③ 무의식적으로 그들을 필요로 하는 상황과 사람을 찾는다.
④ 늘 주는 것에만 익숙하다보니 다들 받아도 고마워하지도 않고, 도리어 요구만 하니까 지쳐가면서도 이런 관계를 끊지 못한다.

하니까 지쳐가면서도 이런 관계를 끊지 못한다.

<돌보미 체질 돈 건강법>

① 앞에 나온 '테레사 수녀 증후군'[80쪽 참조]을 치료한다.

② 이렇게 확언을 한다. "나는 잘 받을 줄 안다." "나는 내 것도 잘 챙긴다." "남만큼이나 나도 소중하다."

③ 극단적인 돌보미 체질은 어렸을 때 애정 결핍의 상처를 경험한 경우가 많다. 그 상처를 남들을 돌봐주고서 보상받으려고 하기 때문이다. 그러니 '애정 결핍의 상처'를 치유하라.

제왕 체질

이들에게 '돈=왕국의 크기=힘'이다. 이들은 크든 작든 자신의 왕국을 만들고 업적을 남기고 싶어 한다. 사업과 사업체가 이들에게는 왕국이며, 여기서 버는 돈은 이 왕국의 힘과 광대함을 상징한다. 이들은 왕국과 힘을 원한다. 이미 2000여 년 전에 사마천은 사기에서 힘과 돈의 상관성을 이렇게 설파했다. "대체로 일반 백성은 상대방의 재산이 자기보다 열 배 많으면 몸을 낮추고, 백 배 많으면 두려워하고, 천 배 많으면 그 사람의 부림을 받고, 만 배 많으면 그 사람의 노예가 된다. 이것이 사물의 이치이다."

이들의 특징은 다음과 같다.

① 해마다 벌고 싶은 액수가 올라가서, 이미 놀면서 먹고 살 정도는 넘어섰는데도 만족이 안 되고, 5년 넘게 그 액수가 자꾸자꾸 올라가고 있다.

② 깨어 있는 동안 사업에 대한 생각이 75% 이상을 차지한다. 순수 자산의 75% 이상을 사업체가 차지하고 있다. 절대로 사업을 돈으로 바꾸지 않는다.

④ 이들은 성취감과 또한 사람들의 엄청난 존경과 인정에서 행복을 느낀다.

⑤ 이들은 힘과 자유를 얻고 중요한 사람이 되고, 영원히 기억될 업적을 남기고 싶어 한다.

이들이 일단 왕국을 건설했음에도 만족하지 않는다면, 그들의 내면에는 풀지 못한 감정이 있기 때문이다. 더 큰 상대를 이기고 싶은 경쟁심, 쓸모없는 사람이 될지 모른다는 두려움, 계속 전진하지 않으면 후퇴할 거라는 두려움 등. 그런데 업적이나 돈이 나 자신이라면 돈과 업적을 빼고 나면 나의 무엇이 남으며 나는 도대체 무엇이겠는가? 그래서 이런 질문을 회피하기 위해서 이들은 더욱 더 일에 매진하는 일중독자가 되기도 한다. 또 업적을 남기는 것은 엄청난 일이지만 그 대가도 또한 때때로 엄청날 수 있다. 실제로 미국의 성공한 사업가들 중에는 이혼당한 사람들이 많다. 사업에만 전념하다 가족들에게 버림받은 것이다.

이들은 때때로 독재자가 되기도 한다. 돈으로 사람과 세상을 통제하고 조작하려고 한다. 그들은 생존에 필요한 모든 것들이 있음에도 만족하지 못한다. 그들이 제일 두려워하는 것은 힘을 잃는 것이다. 그래서 그들은 더 많은 돈을 벌어 더 많은 힘을 가지려 한다. 그래서 역설적으로 그들은 더 가진 만큼 더 갈망하게 된다. 마약 중독자가 더 많은 마약을 갈구하듯 이들은 더 많은 힘과 돈을 갈구하다 인생을 마치기도 한다.

대표적인 예가 진시황이다. 그는 중국 최초로 천하를 통일하여 제1인자가 되었지만, 만족하지 못하고 불로장생의 신선이 되겠다는 헛된 야망을 품다, 겨우 50세에 정신 이상과 약물 중독으로 헛되이 죽었다. 이렇게 돈과 권력은 중독성이 너무 강하기 때문에 스스로 자제할 수 없다면, 돈과 권력이 사람을 지배하게 되고 그 결과는 너무 비참하다.

<제왕 체질 돈 건강법>

① 삶을 즐길 은퇴 계획을 세우고 실천하라. 역사상 최고의 부자 철강왕 카네기도 67살에 은퇴하여 남은 여생을 기부에 바쳤고, 석유왕 록펠러도 50대에 은퇴하여 40여 년은 한가롭게 소일하면서 거의 100살까지 살았다. 많이 갖는 것보다 중요한 것은 많이 즐기는 것이다.

② 가족과 함께 하는 시간을 의무적으로 마련하라.

③ 은퇴를 하지 않더라도 일정 시간을 휴식과 여유에 배정하라.

④ 어렸을 때 돈이 없어 서럽고 무시당했던 기억이 있다면 EFT로 지워라.

〈돈과 풍요를 부르는 확언 모음〉

다음은 돈과 풍요를 부르는 확언들이다. 이 중에서 마음에 드는 것들을 잘 적어두
었다가, 잠들기 전에 한 번, 일어나서 한 번 크게 외쳐보라. 특히 거울에 비친 나를
보면서 확언을 하면 더욱 더 효과가 좋다. 또 녹음해서 자주 듣는 것도 아주 좋다.

– 나는 가치있고 소중하다. 나의 길도 소중하다.
– 내 안에는 무한한 힘이 있다. 나는 이 힘을 잘 발휘한다.
– 내 우주에서 모든 것은 순조롭다. 내 우주에서 모든 것은 완벽하다.
– 다 좋다. 다 괜찮다.
– 나는 모든 한계와 장애를 초월한다. 나는 한계 없는 세상에 산다.
– 믿는 대로 경험하게 된다. 그래서 나는 무한한 풍요와 번영을 믿는다.
– 나는 내 삶의 모든 곳에서 풍요를 누릴 자격이 있다.
– 나는 번영과 풍요를 내 삶에 허용한다.
– 나는 내가 원하는 것을 쉽게 술술 창조한다.
– 나는 잘 주고 잘 받는다. 나는 줄 때와 받을 때를 잘 안다.
– 이 우주는 내게 필요한 모든 것을 완벽한 때에 완벽한 방법으로 가져다준다.
– 나는 내가 사랑하는 일을 하고, 돈과 풍요는 자연스럽게 내게로 흘러온다.
– 나는 이 우주를 사랑하고, 이 우주도 나를 사랑한다.
– 모든 것이 완벽한 때에 완벽한 방식으로 내게 온다.
– 나는 기쁨과 자기 사랑과 활력속에서 돈과 풍요를 창조한다.
– 나는 내가 원하는 것을 갖도록 허락한다.
– 나는 풍요와 돈을 누릴 자격이 있다. 나는 부유하며 풍요롭다.

- 나는 아이디어와 영감이 무제한으로 넘쳐난다.

- 나는 원하지 않는 것보다는 원하는 것에 집중한다.

- 내가 하는 모든 것들이 나의 가치를 높인다.

- 내가 내 길을 따를 때에 필요한 모든 것이 저절로 주어진다.

- 나에게 좋은 것들이 쉽게 온다.

- 나는 가치있는 재능과 기술이 풍부하다.

- 나는 내 삶의 모든 것에 감사한다. 나는 내가 창조하는 모든 것을 사랑하고 감사한다.

- 내 삶에는 기적이 가득하다.

- 나는 힘든 상황에서도 늘 새로운 기회에 마음을 열고, 마침내 그것을 잘 잡는다.

- 돈이 강물처럼 내 삶 속으로 마구 흘러온다. 나는 부유하다.

- 내게서 나간 돈은 새끼를 쳐서 다시 돌아온다. 내가 쓴 돈은 2배가 되어서 다시 돌아온다.

- 나의 돈은 나와 세상을 풍요롭고 아름답게 만든다.

- 나의 돈은 더 많은 돈을 끌어당기는 자석이다.

- 나는 나의 모든 것과 내가 가진 모든 것에 감사한다.

- 나는 기쁘게 돈을 쓰고, 기쁘게 돈을 번다.

- 내가 하는 모든 것이 다 돈이 된다.

글을 마치며

"나는 매달 2,000만 원 이상을 번다"

빚에 한창 쪼들리다 나는 이 확언을 날마다 반복했고, 대략 5년이 지나서야 비로소 확언을 이루었다. 그때의 성취감을 지금도 다 잊을 수가 없다. 그런데 그 과정에서 나는 돈보다 더 큰 것을 얻었다는 것을 이 책을 쓰면서 뒤늦게 깨달았다. 이제 그것들을 잠시 얘기하고 이 책을 마치려고 한다.

첫째로 원하는 일을 찾게 되었다.

빚에 쪼들릴 무렵에 나는 돈 이외에 내가 좋아하지 않는 일을 하고 있다는 괴로움도 너무 컸다. 좋아하지도 않는 일을 하면서 돈까지 못 버는 것만큼 비참한 상황이 있을까? 그런데 위의 확언을 하면서 돈을 벌기위해서 직관적으로 해온 일들이 모두 내가 좋아하는 일이 되어버렸다. 책 쓰기, 강의, 상담, 확언, EFT 등은 돈이 되는 일이면서 동시에 내가 좋아하는 일이었다. 님도 보고 뽕도 딴다는 속담이 바로 이런 것이 아니겠는가?

둘째로 돈에 대한 자신감이 생겼다.

돈 때문에 극한의 상황까지 내몰렸다가 여기까지 오고 나니 이젠 돈을 생각하면 그냥 편안하고 즐겁다. 요즘 나의 돈에 대한 생각을 한 마디로 말하면 이렇다. "돈은 벌면 된다. 벌 수 있다." 돈에 대해 이것 이상의 해결책이 뭐가 있겠는가?

셋째로 생존의 두려움이 삶의 기쁨으로 바뀌었다.

돈 걱정으로 사는 것은 늘 생존의 두려움에 쫓겨 사는 것이었다. 그런데 돈 걱정이 해결되고 나니 사는 게 한층 더 기뻐졌다. 돈 생각 하지 않고 그저 좋아하는 것을 하면 되는 삶! 그리고 그것이 돈도 되는 삶! 이 정도면 꽤 괜찮은 삶이 아니겠는가?!

넷째로 나의 숨어있던 재능을 찾게 되었다.

확언으로 돈을 버는 과정에서 나는 내게 존재하는지도 몰랐던 재능들을 발굴해서 쓰게 되었다. 강의, 글쓰기, 코칭 등은 지금은 나의 장점이지만 사실 확언하기 전까지는 내가 이런 능력이 있는 줄도 몰랐다. 앞으로 확언을 통해서 어떤 숨겨진 재능이 또 발굴될지 모른다. 이렇게 모든 사람은 숨겨진 능력이 있다. 독자들도 확언을 통해서 자신과 자신의 능력을 재발굴하게 될 것이다.

나는 독자 여러분들이 이 책을 통해서 돈뿐만 아니라 이상의 소중한 이득도 함께 얻을 수 있기를 기대한다.

"모든 물은 바다에 이른다. 물은 무심해서 자신을 막는 산과 바위에 저항하지 않아 지치지 않기 때문이다. 그러니 EFT로 두려움, 좌절, 분노 같은 저항하는 마음을 버려라. 그러면 너는 물처럼 세상의 어떤 장애물에도 걸림 없이 저절로 목표에 이를 것이다."

돈의 달인이 되자

내가 한창 돈에 쪼들릴 때 나의 돈 체질은 특전사, 샌님, 백치였다. 특전사로 늘 돈에 대한 두려움이 있었고, 샌님으로 늘 돈을 혐오했고, 백치로서 돈에 너무 무지했다. 그러다 돈 확언을 꾸준히 하다보니 체질이 바뀌었다. 각 체질의 장점이 생긴 것이다. 베짱이처럼 돈을 누리는 여유가 생기고, 제왕처럼 대담하게 투자하는 마인드도 생기고, 돌보미처럼 베풀 줄도 알게 되었다.

이 과정에서 돈에 관한 가장 이상적인 인간의 모습은 무엇일까하는 생각이 들어, 결국 돈의 달인이란 개념을 만들었다. 달인은 한 마디로 돈에 해탈한 사람이다. 그들은 돈의 노예가 아니라 돈의 주인이다. 이들에게 '돈=마음=에너지'이다. 이들은 돈에 관해 이런 신념을 갖고 있다.

– 돈은 마음에 따라 움직이는 에너지다.
– 돈은 악이 아니라 세상에 필요한 에너지이다.
– 물이 흐르는 곳에 생명이 번창하듯, 돈이 흐르는 곳에 문화와 문명이 번창한다.
– 돈은 벌고 싶다면 얼마든지 벌 수 있어.
– 마음 맞는 사람들과 내가 좋아하는 일을 하면서 충분한 돈을 벌 수 있다.

달인은 이 돈을 세상에 도움이 되도록 잘 공급하는 사람이다. 달인은 의미있고 좋아하는 일을 하면서 돈을 번다. 달인은 돈을 버는 고통이 아니라 돈을 버는 기쁨으로 산다. 달인은 정신적으로도 물질적으로도 풍요로운 사람이다. 달인은 원하는 만큼 돈을 벌며 이 돈을 또한 좋은 곳에 잘 쓴다. 달인은 세상에 도움이 되는 일로 돈을 벌고, 또 세상에 도움이 되는 방식으로 돈을 쓴다. 그래서 달인이 부자가 되면 세상이 같이 축복한다.

너무 이상적이고 꿈 같은 얘기라서 믿어지지 않는가? 구글의 설립자 세르게이 브린과 래리 페이지는 '나쁜 짓 하지 않고도 돈을 벌 수 있다'는 사훈으로 최고의 검색 엔진을 만들어 돈을 벌고 있다. 영화 '아이언맨'의 실제 모델인 엘론 머스크는 환경 보호를 위해 전기 자동차를 만들어서 돈을 벌고 있다. 허브 캘러허는 사우스웨스트 항공을 설립하여, 승객에게 웃음을 주는 재미있는 서비스와 낮은 운임으로 기존의 대형 항공사들을 제치고 순항하고 있다. EFT의 창시자 개리 크레이그도 또한 돈의 달인이 아닌가.

이밖에도 바로 우리나라에서 내 곁에도 그런 사례는 많다. 내게 EFT를 배운 한 분은 과거에 카페를 했던 경험을 되살려 심리 상담 카페를 만들어서 기존 월급의 5배 이상을 벌고 있다. 그는 좋아하는 일도 하고 경제적 풍요도 누리고 있는 것이다. 이렇게 세상에 필요한 일을 하면서 돈도 잘 버는 사람들은 너무나 많다. 여러분들도 이제 돈의 달인이 되어 꿈도 이루고 돈도 벌고 좋은 일도 하는 일석삼조의 이득을 누려보고 싶지 않은가!

그림작가 김재일의 후기

아마도 이 책의 첫 독자가 바로 나이고, 또한 이 책의 효과를 제일 먼저 본 사람도 바로 나일 것이다. 나는 처음에 최인원 작가로부터 초고를 받고서, 그림을 제대로 그리기 위해서 원고를 몰입해서 읽고, 실생활에 적용해 보았다. 그러자 불과 몇 달 만에 재미있고 신기한 일들이 많이 생겼다.

그 중 첫 번째 이야기이다. 나는 어렸을 때 집안 사정 때문에 서울, 부산, 충청도 등 팔도를 다 돌면서 성장했다. 그러다보니 유목민 성향이 생겨서 여러 곳을 돌아다니면서 작업을 해야 능률이 올랐다. 그래서 어느덧 또 작업실을 옮기고 싶은 욕구가 생겼고, 용인 집에서도 가깝고, 또 요즘 소위 핫하다는 판교가 마음에 땡겼다. 그런데 좋은 곳은 비싸기 마련인데, 나의 예산은 한정되어있어서 갈등이 생겼다. '과연 판교같이 비싼 곳에 내가 원하는 쾌적한 작업실을 얻을 수 있을까?'

하지만 배운 대로 일단 해보기로 했다. 먼저 내가 원하는 작업실의 조건을 생각해 보았다. 주변에 도서관과 공원과 녹지 등의 편의 시설이 있고, 작업실이 쾌적하고 말 그대로 멋있고, 임대료는 월 30만원 이내이며, 이 공간에서 좋은 사람들과 일한다. 그리고 나는 확언을 했다. "나는 이런 멋진 곳에서 좋은 사람들과 재미있게 일한다." 이렇게 매일 확언하고, 간혹 의심과 걱정이 올라오면 EFT도 하면서, 틈날 때마다 인터넷 검색을 했다.

그러나 한 달이 넘도록 찾을 기미도 없었고, 그렇다고 무턱대고 아무데나 찾아 나설 수도 없는 형편이었다. 그러다가 다시 한 달 보름이 지나서 우연히 인터넷 검색을 하는데, 내가 원하는 조건에 딱 맞는 작업실이 저렴한 가격에 나온 것이 아닌가! 판교의 어느 작업실 주인이 일부 공간을 임대한다는 것이었다. 느낌이 너무 좋아서 직접 찾아가 보니, 내 조건에 완벽하게 부합했다. 신도시라서 공원과 녹지와 수변 공원이 잘 조성되어있고, 도서관도 바로 곁에 있고, 작업실 자체도 말그대로 멋지고 아늑했다. 게다가 공간을 공유하는 작업실 대표는 화가이자 디자이너로서 깨어있는 지성으로 반짝이는 정말 멋진 사람이었다. 물론 가격도 당연히 내 조건에 맞았다. 그래서 나는 이 원고의 그림을 이 멋진 곳에서 신나게 그렸다.

다시 두 번째 이야기이다. 나는 20년 전에 태그호이어 시계를 결혼 예물로 받았다. 태그호이어의 이 모델은 당시에 핫한 모델이었고, 나 자신도 정말로 절실하게 원하던 것이었다. 나는 원래 절실하게 은색을 갖고 싶었지만, 예물 시계는 금색으로 해야한다는 어른들의 권유에 밀려 마지못해 같은 모델의 금색을 받았다. 그런데 막상 이것을 차면 꼭 졸부 청년으로 보이고, 게다가 금색이 너무 튀어서, 맞는 옷을 찾아 입기도 쉽지 않았다. 그래서 그토록 이 시계를 좋아하면서도 잘 차지도 못하고, 20년 째 고이 모셔 두고 살았다.

그러다 최근에 다시 이 시계에 대한 열망이 불타올랐다. '좋아, 원래의 그 은색 시계를 한번 차보자. 20주년 기념으로 받는다고 생각하고 차보는거야.' 하지만 그 시계는 오래전에 단종되었고, 중고가도 상당히 비싸고, 내놓는 사람도 없었다. 특히 내 결혼 20주년에 맞추어서 상태좋은 중고를 누가 내놓을 리도 거의 없었다. 이렇게 불가능하다는 생각이 들면서도 다른 한 편으로 또 이런 생각이 자꾸 들었다. '나는 롤렉스나 까르띠에보다도 추억이 서린 이게 더 좋아. 이게 있으면 패션의 완성이야. 나는 정말 이걸 원해!'

그래서 나는 확언과 상상의 힘을 다시 한 번 믿고 실험해보기로 했다. "좋아! 정말 간절히 절실히 원하니까, 제발 나한테 나타나봐!" 그런데 확언을 한지 반나절도 되지 않아서 놀라운 일이 벌어졌다. 인터넷 중고 거래 사이트에 딱 그 은색 시계가 A급 상태로 어마어마하게 싼 가격으로 매물로 나온 것이 아닌가! 게다가 연락해보니 사는 곳도 바로 근처였고, 당장 만나서 직거래를 하자고 했다. 거래자는 이 시계를 여러 번 내놓았는데, 아무 반응이 없거나, 연락이 와도 바람을 맞았다고 했다. 이번에도 그냥 혹시나 하는 마음으로 싸게 내놓았는데, 이렇게 빨리 거래가 성사되어서 놀랐다고 했다. 마치 이 시계가 나만을 기다린듯한 느낌마저 들었다. 집에서 색이 바뀐 내 시계를 아내가 보고서 놀래자, 나는 짐짓 농담을 했다. "금 도금 벗겨서 은색으로 만들었어." 아내는 완전히 믿을 태세였다.

불과 몇 달 동안에 이런 경험을 여러번 하다보니, 이제 정말로 깨닫게 되었다. "돈은 내 마음에 반응하는 에너지이다." 이제 돈을 버는 것이 지겨운 부담이나 힘겨운 의무가 아니라, 신나고 즐거운 모험이나 놀이가 될 것 같다. 나의 경험을 활용해서 돈을 벌 재미있는 사업거리도 생각나서 벌써 추진하고 있다. 이제 독자 여러분들도 이 책을 통해 나와 비슷한 경험을 하면서, 돈은 에너지라는 깨달음을 더욱 더 확실히 얻을 수 있기를 바란다.

"돈을 버는 고통이 아니라 돈을 버는 기쁨으로!"

부록

함께 읽으면 좋을 책들
확언 그림
확언 그림 색칠하기

함께 읽으면 좋은 책들

이 책을 쓰느라 적지 않은 책을 보았다. 돈이란 주제가 애초의 생각보다 엄청나게 방대한 영역이었다. 그러다 보니 적어도 200권 이상의 책을 본 것 같은데, 대부분 원서라서 독자들에게 추천할 수 있는 책이 많지는 않다.

하지만 그중에서도 이 책과 함께 보면 좋을 책을 다음과 같이 몇 권만 추려보았다.

1. 『나의 꿈 나의 인생』, 나폴레온 힐, 국일 미디어

나의 인생을 바꿔준 책이다. 단순히 돈만 벌게 해준 것이 아니라, 원하는 것은 무엇이든 이룰 수 있다는 것을 가르쳐주어서 더욱 소중한 책이다. 앞서 말한 『Think And Grow Rich』의 번역서다.

2. 『100달러로 세상에 뛰어들어라』, 크리스 길아보, 명진출판사

이 책은 아마존에서 검색하다 우연히 발견한 책인데, 원하는 일을 하면서 먹고 살 정도의 돈을 버는 법에 관해 아주 실천적으로 가르쳐주는 책이다. 모르는 새에 이 책이 우리나라에서 번역이 되어 호평을 받고 있어 여기에 소개한다.

3. 『5분의 기적 EFT』, 최인원, 정신세계사

수많은 자기계발서를 읽어도 안 되는 가장 큰 이유는 감정 관리가 안 되기 때문이다. 그런데 EFT를 하면 너무나 쉽게 감정 관리를 할 수 있다. 이 책을 통해서 EFT를 좀 더 깊게 알면 감정 관리도 잘 되고 따라서 돈도 더 쉽게 벌 수 있을 것이다.

4. 『나는 왜 하는 일마다 잘되지』, 최인원, 정신세계사

이 책은 한국 최초의 확언 전문서라고 할 수 있는데, 확언의 원리와 방법 등에 대해서 아주 자세히 설명되어 있다. 그래서 확언을 좀 더 깊이 이해하고 싶다면 이 책을 보라고 권하고 싶다.

5. 『부의 추월차선(The Millionaire Fastlane)』, 엠제이 드마코(MJ DeMarco), 토트

이 책 역시 아마존에서 검색하다가 본 책인데, 우리나라에서도 번역되어서 추천한다. 저자 자신이 30대에 무일푼으로 억만 장자가 된 사람으로 가장 빨리 돈을 버는 방법은 사업을 하는 것이라고 주장하며 사업하는 법을 잘 설명하고 있다.

6. 『부자 아빠 가난한 아빠』, 로버트 기요사키, 황금가지

이 책은 우리나라에서도 많이 알려진 책인데 재테크로 부자가 되는 법과 재산을 관리하는 법을 잘 설명하고 있다. 샌님 체질이나 연예인 체질이나 베짱이 체질 등에게 특히 도움이 될 것같다.

7. 『행복의 특권』, 숀 아처, 청림출판

본문에서 이미 소개했으므로 자세한 설명은 생략한다. 긍정심리학의 이론과 방법론을 잘 요약한 책이다. 이 책의 주장을 한마디로 요약하면 이렇다. '먼저 행복해져라. 그리고 자연스럽게 성공해라.'

8. 『잭팟 심리학』, 리처드 와이즈먼, 시공사

이 책은 『운의 요소, Luck Factor』의 번역본으로 본문에서 소개했으므로 자세한 설명은 생략한다. 다만 운이 좋아지는 실천적인 방법론이 잘 나와있으니 참고하면 좋다.

확언 그림

틈틈이 확언 그림을 보면서 확언을 하세요.
독자 여러분의 마음 속에
풍요의 이미지를 심어보세요.

내 삶에는 풍요가 꽃 핀다.

만물은 약동한다. 만물은 풍성하다.

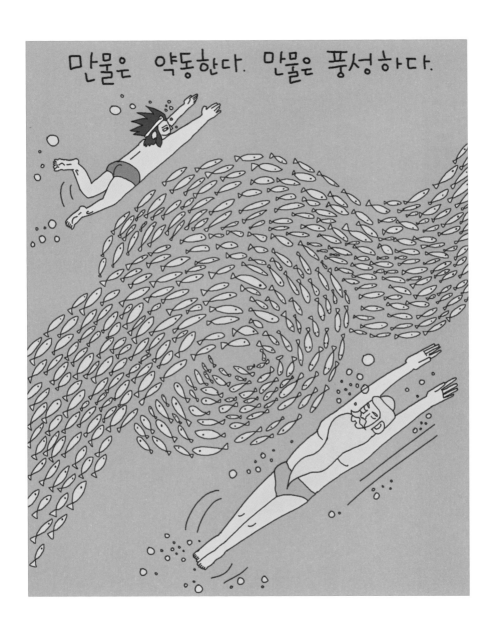

확언 그림 색칠하기

앞에 나왔던 확언 그림이 다시 한번 나옵니다.
확언 그림을 색칠하면서
독자 여러분의 마음 속에
풍요의 이미지를 심어보세요.

내 삶에는 풍요가 꽃 핀다.

316

내 세상에서는
늘 모든것이 순조롭다.

세상은 돈의 바다다.
나는 이 바다에서
돈을 실컷 퍼올린다.

나는 돈의 강에 산다.
나는 이 돈을 맘껏 퍼올린다.

만물은 약동한다. 만물은 풍성하다.

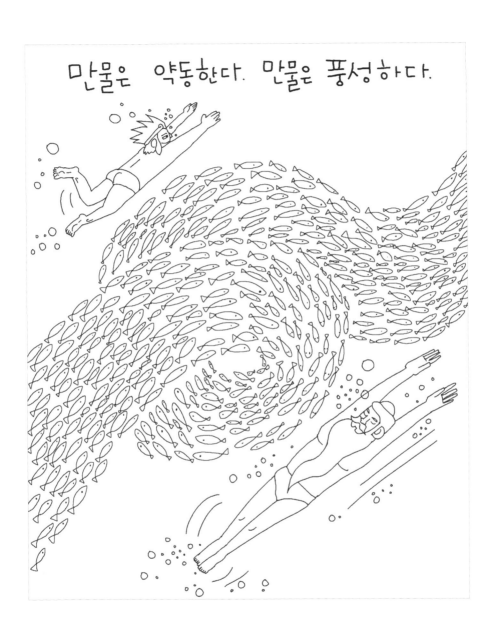

돈복 부르는 EFT

초판 1쇄 인쇄 2015년 9월 1일
초판 3쇄 발행 2024년 1월 15일

지은이 최인원
펴낸이 김지연
펴낸곳 MBS출판사
출판등록 2015년 3월 3일 | 제2015-000018호
주소 서울시 중구 저동2가 78번지 을지비즈센터빌딩 9층
전화 02)3406-9181 | **팩스** 02)3406-9185 | **홈페이지** http://blog.naver.com/hondoneft

기획 · 진행 김광중 | **일러스트** 김재일 | **북디자인 · 전산편집** 서가기획

ISBN 979-11-955432-0-5   03320